Französische Bulldogge Erziehung

Bauen Sie eine einzigartige und liebevolle Beziehung zu Ihrer Französischen Bulldogge auf – Alles Wissenswerte über Erziehung, Ernährung, Training und Pflege

Johann Schwegler
1. Auflage

1. Auflage

Bibliografische Information der Deutschen Nationalbibliothek

Die Deutsche Nationalbibliothek verzeichnet diese Publikation in der Deutschen Nationalbibliografie, detaillierte bibliografische Daten sind im Internet unter https://portal.dnb.de abrufbar.

Druck/Auslieferung: Amazon oder Tochtergesellschaft
Independently published

Inhaltsverzeichnis

Vorwort

Einen neuen Hund mit nach Hause zu bringen ist eine große Verantwortung und diese Verantwortung beginnt schon bei der Auswahl der richtigen Rasse. Die Wahl der richtigen Rasse ist wie die Wahl eines neuen Lebenspartners. Sie gehen eine Verpflichtung ein und die Verträglichkeit zwischen Ihnen und Ihrem Hund spielt eine große Rolle. Hunde sind die vielleicht treuesten Geschöpfe der Welt und sie werden ihr ganzes Leben lang Ihr Begleiter sein. Treffen Sie die richtige Wahl, denn Ihr neuer Hund verdient ein gutes Zuhause, in dem er geliebt wird und glücklich ist.

In diesem Buch dreht sich alles um Französische Bulldoggen und es enthält im Grunde alle wichtigen Fakten und Tipps, die Sie kennen müssen, wenn Sie tatsächlich erwägen, sich eine Französische Bulldogge mit in Ihr zu Hause zu holen.

Wenn Sie den Begriff Französische Bulldogge hören, haben Sie wahrscheinlich das Bild eines kleinen, aber robusten Hundes mit einem flachen Gesicht und Fledermausohren vor Augen. Ihr Aussehen ist sehr extravagant, unvergesslich und liebenswert. Wenn Sie auf der Suche nach einem treuen Begleiter sind, können Sie mit dieser Rasse nichts falsch machen. Französische Bulldoggen sind sehr liebevoll und anhänglich. Außerdem sind sie gewissermaßen als Entertainer und Komödianten geboren, so dass Ihnen ein endloser Vorrat an Spaß garantiert ist. Ihr eigenes Zuhause wird in Zukunft ein glücklicher Ort sein, wenn Sie sich dazu entscheiden, diese Hunderasse zu halten. Obwohl es etliche Gründe dafür gibt, Französische Bulldoggen zu lieben, gibt es natürlich auch Nachteile, einen solchen Hund zu halten.

Bevor Sie den Kauf einer Französischen Bulldogge in Erwägung ziehen, sollten Sie sich erst einmal darüber informieren, was es wirklich braucht, um ein verantwortungsvoller Hundebesitzer zu sein und insbesondere, um eine Französische Bulldogge zu halten. Um mehr über diese wunderbare Rasse zu erfahren und was es bedeutet, sie als Haustier zu halten, lesen Sie bitte weiter.

Kapitel 1: Grundsätzliche Fakten über Französische Bulldoggen

Französische Bulldoggen sind entzückende Haustiere. Sie sind lustig und bereiten viel Spaß, wenn man sie um sich hat. Wenn Sie von dieser Rasse fasziniert sind, dann sollten Sie sich die Zeit nehmen, alles über sie zu lernen, um bestmöglich vorbereitet zu sein. In diesem Kapitel finden Sie einen Überblick über die Französische Bulldogge, einschließlich ihrer Geschichte, ihrer grundlegenden physischen Eigenschaften und mehr. Dieses Wissen wird Ihnen helfen, diese Hunde besser zu verstehen und am Ende des Kapitels werden Sie sich hoffentlich ein Bild davon gemacht haben, ob diese Rasse für Sie geeignet ist oder nicht.

Fakten über Französische Bulldoggen

Wenn man die Französische Bulldogge mit einem Wort beschreiben müsste, wäre das Wort wahrscheinlich „liebenswert". Diese Hunde besitzen viele Eigenschaften, die sich die meisten Menschen von einem Haustier wünschen würden. Da sie so extrem liebenswert sind, fällt es uns Menschen oftmals leichter, über ihre Fehler und Schwächen hinwegzusehen oder sie zumindest zu tolerieren. Sie fallen unter die Rassegruppe der Begleithunde. Sie suchen die ständige Liebe und Zuneigung von ihren Besitzern. Wenn sie jedoch zu sehr verwöhnt werden, können sie territorial und leicht eifersüchtig werden, was zu feindlichem Verhalten gegenüber anderen Haustieren oder Familienmitgliedern führen kann. Diese Hunde sind in der Regel gut erzogen mit genau dem richtigen Maß an Verspieltheit und Anpassungsfähigkeit. Sie sind von ihrem Wesen her entspannt und im Allgemeinen einfach zu beeindrucken. Einfach auf Ihrem Schoß zu liegen, reicht aus, um sie zufrieden und glücklich zu machen.

In Bezug auf den Körper: Ihre Höhe reicht von ca. 28 bis 33 cm und das durchschnittliche Gewicht liegt bei ca. 8 bis 14 kg. Sie haben kurzes und glattes Fell und im Gegensatz zu anderen Rassen mit ähnlichem Fell, schwitzen sie nicht besonders viel. Ihre Haut hängt locker und faltig an

Kopf und Schultern. Die Französische Bulldogge kommt mit einer breiten Palette von Farben und Mustern daher wie rehbraun, weiß, schwarz, grauschattiert, blau, creme. Die Französische Bulldogge ist klein, massiv und stämmig und hat eine wachsame Haltung.

Eine der Herausforderungen, die mit der Rasse der Französischen Bulldogge einhergehen, ist das Training. Wenn Sie Ihren Hund in vollen Zügen genießen möchten, sollte er gut erzogen und respektvoll gegenüber Menschen und anderen Tieren sein. Daher müssen Sie viel Geduld mitbringen, wenn Sie ihn trainieren. Eher früher als später werden Sie herausfinden, dass diese Rasse die unvorteilhafte Eigenschaft der Sturheit in sich trägt. Wenn sie unkontrolliert gelassen werden, können sie sehr manipulativ werden und Ihnen den Kopf verdrehen.

Französische Bulldoggen bellen nicht oft und ohne guten Grund. Wenn sie also bellen, suchen Sie sofort nach dem Grund, worauf sie Ihre Aufmerksamkeit zu lenken versuchen. Diese Hunde sind in der Regel ruhig, aber manchmal können sie auch kommunikativ sein und unbeschreibliche Laute von sich geben, die an merkwürdiges Kauderwelsch erinnern. Besitzer von Französischen Bulldoggen haben gemischte Gefühle gegenüber dem berühmten Todesjodler. Es klingt wie ein hochfrequentes Quietschen.

Französische Bulldoggen sind zuverlässige Wachhunde, weil sie aufmerksam sind und ihre Besitzer durch ihre Bellphilosophie effektiv alarmieren. Ihre Bindung an ihre Person oder Familie geht sehr tief, was sie sehr beschützend bis zu dem Punkt macht, dass sie sterben würden, um sie zu retten, wenn die Notwendigkeit jemals entsteht.

Ihre Lebenserwartung liegt normalerweise zwischen 8 und 14 Jahren. Leider ist die genetische Ausstattung dieser Rasse eher mangelhaft, was der Grund ist, warum Französische Bulldoggen mit einer Vielzahl von bestehenden und potenziellen gesundheitlichen Bedenken und Problemen daherkommen. Dieses spezielle Thema wird im gesamten Buch behandelt.

Die Geschichte der Französischen Bulldogge

Die Geschichte der Französischen Bulldogge ist im Laufe der Zeit verworren geworden. In einigen Berichten wird behauptet, dass Terrier und Möpse in England gekreuzt wurden, während in anderen Berichten behauptet wird, dass die Kreuzung in Frankreich stattfand. Fest steht, dass Französische Bulldoggen im 19. Jahrhundert in England bei Webern und Spitzenklöpplern sehr beliebt waren, wobei die Hunde als Schoßwärmer eingesetzt wurden. Als die Spitzenindustrie nach Frankreich verlagert wurde, brachten die Arbeiter ihre Hunde mit und so wuchs ihre Zahl und ihre Beliebtheit, was zur Anerkennung der Rasse führte. Sie wurde „Bouledogue Francais“ genannt, was nur die Übersetzung von Französischer Bulldogge auf Französisch ist.

Vor- und Nachteile der Französischen Bulldogge

Ein Teil des Charmes der Französischen Bulldogge ist ihr deformiertes Gesicht. Anstatt Menschen abzustoßen, hat es den gegenteiligen Effekt (für die meisten Menschen jedenfalls). Wenn Sie also zu den Menschen gehören, die dem Charme der Französischen Bulldogge verfallen sind, wäre es ratsam, mehr über sie als Haustier zu erfahren und der beste Weg, Ihnen bei der Entscheidung zu helfen, ist, das Gute und das Schlechte über sie zu lernen. Nachfolgend finden Sie eine Liste der Vor- und Nachteile der Französischen Bulldogge:

Vorteile der Französischen Bulldogge

- Von Natur aus amüsant und unterhaltsam – Sie werden sich nie langweilen, wenn Sie sie um sich haben.
- Großartige Wachhunde aufgrund ihrer Wachsamkeit.
- In der Regel freundlich zu jedem, den sie treffen.
- Anhänglich und liebevoll – tolle Gefährten.
- Bellen nicht übermäßig.
- Sehr anpassungsfähig.
- Geeignet für das Leben in einer Wohnung.
- Leicht zu pflegen, so dass Sie nicht allzu viele Kosten dafür aufwenden müssen.
- Brauchen nicht allzu viel Auslauf.
- Nicht wählerisch – ruhig und entspannt.

- Klein, aber robust – sie können überallhin mitgenommen werden.
- Halten sich im Allgemeinen gerne sauber.

Nachteile der Französischen Bulldogge

- Schwerwiegende gesundheitliche Probleme.
- Kommen nicht gut zurecht, wenn sie allein gelassen werden, brauchen ständige Aufmerksamkeit, leiden unter Trennungsangst.
- Haben die Tendenz, zu anhänglich zu werden.
- Stur, manchmal manipulativ – benötigen spezielles Training, das für unerfahrene Hundehalter schwierig sein könnte.
- Nicht geeignet für warmes und feuchtes Wetter, brauchen eine Klimaanlage.
- Sie müssen Keuchen, Schnauben, Schnarchen, Schlabbern und Blähungen tolerieren.
- Nehmen extremen Hundegeruch an, wenn sie nicht regelmäßig gebadet werden.

Kapitel 2: Allgemeine Kosten und tierärztliche Untersuchungen

Haben Sie sich bereits in die liebenswerte und unwiderstehliche Französische Bulldogge verliebt? Nicht so schnell. Bevor Sie etwas überstürzen, gibt es noch die praktischen Aspekte der Hundehaltung zu beachten. Es geht nicht nur um Spaß und Kuscheln: Hunde zu besitzen, kostet Geld. In diesem Kapitel erfahren Sie, wie viel Schaden sie auf Ihrem Bankkonto anrichten können und was Sie sonst noch wissen sollten, bevor Sie sich auf die Reise zum Hundehalter begeben. Dieses Kapitel soll Ihnen helfen, eine fundierte Entscheidung darüber zu treffen, ob Sie fähig und bereit sind, ein Haustier zu besitzen.

Brauchen Sie einen Hundeführerschein?

Bevor Sie eine Französische Bulldogge kaufen, sollten Sie sich über die örtlichen Lizenzanforderungen informieren, die Sie betreffen könnten. Die Lizenzanforderungen für Hundehalter variieren von Land zu Land, daher müssen Sie möglicherweise selbst ein wenig recherchieren, um festzustellen, ob Sie einen Hundeführerschein benötigen oder nicht. In Deutschland gibt es keine bundeseinheitlichen Anforderungen betreffend eines Hundeführerscheins.

Vertragen sich Französische Bulldoggen mit anderen Haustieren?

Wenn eine Französische Bulldogge erfolgreich trainiert und angemessen sozialisiert wurde, ist sie im Allgemeinen sehr freundlich gegenüber allen Arten von Tieren und versteht sich gut mit anderen Haustieren. Wenn sie jedoch zu sehr von ihrer Bezugsperson verwöhnt werden, werden sie territorial und eifersüchtig auf andere Tiere, die sich in die Nähe ihrer Bezugsperson begeben oder Aufmerksamkeit von ihr erhalten.

Wie viele Französische Bulldoggen sollten Sie halten?

Es gibt einen Vor- und einen Nachteil, mehr als eine Französische Bulldogge zu halten und es liegt an Ihnen zu entscheiden, was für Sie mehr wiegt. Der Vorteil, wenn Sie mehr als eine Französische Bulldogge halten, ist, dass es Ihnen an Unterhaltung und Zuneigung nicht mangelt. Der Nachteil ist die Gefahr, dass die Hunde sich untereinander um Aufmerksamkeit streiten. Denken Sie daran: Diese Hunde gedeihen, wenn sie im Mittelpunkt der Aufmerksamkeit stehen und Eifersucht kann zu einem Problem werden. Wenn die Rasse jedoch zu Ihnen passt, werden Sie sich höchstwahrscheinlich einen weiteren oder mehrere wünschen. Wenn Sie sich entscheiden, mehr als einen Hund anzuschaffen, stellen Sie sicher, dass Sie keine Lieblinge haben, da dies zu emotionalen Schäden bei den weniger bevorzugten Hunden führen kann.

Wie viel kostet es, eine Französische Bulldogge zu halten?

Die meisten Menschen, die einen Hund besitzen möchten, sind sich nicht bewusst, dass die Kosten mehr umfassen als nur den Kaufpreis. Der Besitz eines Haustieres bedeutet, dass Sie es in Ihr eigenes Budget einplanen müssen, denn die Ausgaben sind so regelmäßig wie Ihre Lebensmittel- und Stromrechnungen. Die Ausgaben für Ihre Französische Bulldogge beginnen schon, bevor Sie ihn mit nach Hause nehmen, denn Sie müssen sich auf seine Ankunft vorbereiten und eine Kiste, Spielzeug, Zäune oder Tore für den Innenbereich und Futternäpfe kaufen. Zur Verantwortung eines Hundebesitzers gehört es auch, für seine Bedürfnisse zu sorgen. Bevor Sie also einen Hund mit nach Hause nehmen, stellen Sie sicher, dass Sie mit den Kosten mithalten können. In diesem Abschnitt erhalten Sie einen Überblick über die anfänglichen Kosten und die monatlichen Kosten für die Haltung einer Französischen Bulldogge.

Monatliche Kosten sowie tierärztliche Untersuchungen/Impfungen

Die anfänglichen Kosten für die Haltung einer Französischen Bulldogge umfassen die Kosten, die Sie decken müssen, bevor Sie Ihren Hund mit nach Hause nehmen können. Einige der anfänglichen Kosten, die Sie abdecken müssen, umfassen die Kiste Ihres Hundes, Futter-/Wassernäpfe, Spielzeug und Accessoires, Mikrochip, erste Impfungen, Kastration und

Zubehör für die Pflege und das Abschneiden der Nägel – dazu gehören auch die Kosten für den Hund selbst.

Nachfolgend finden Sie eine Übersicht über die einzelnen Kosten:

Anschaffungspreis – Die Kosten für den Kauf einer Französischen Bulldogge können stark variieren, je nachdem, wo Sie den Hund finden. Sie können eine Französische Bulldogge bereits für ca. 250,00 € erwerben. Aber der Kauf eines Welpen, vor allem eines reinrassigen Welpens von einem Züchter, könnte noch sehr viel teurer sein. Die durchschnittlichen Kosten für den Kauf einer Französische Bulldogge liegen bei ca. 750,00 € bis 2.000,00 €. Seien Sie vorsichtig, wenn Sie von nicht registrierten Züchtern kaufen und überprüfen Sie deren Glaubwürdigkeit. Stellen Sie sicher, dass der Welpe völlig gesund ist.

Kiste – Die Französische Bulldogge ist eine kleine Rasse und wird dies auch bleiben, wenn sie bereits erwachsen ist. So können Sie Geld sparen, das sonst für den Kauf einer größeren Kiste benötigt würde. Die durchschnittlichen Kosten für eine kleine Hundebox liegen in den meisten Fällen bei etwa 30,00 €.

Welpenausläufe/Zäune – Abgesehen von der Kiste müssen Sie für Ihren Welpen einen Raum schaffen, den er als seinen eigenen anerkennen kann, in dem Sie sein Bett und seine Spielsachen aufstellen. Die durchschnittlichen Kosten für diese Zäune liegen bei ca. 70,00 €.

Orthopädisches Bett – Es ist ideal, Ihrem Welpen schon früh beizubringen, dass es für ihn einen bestimmten Platz zum Schlafen gibt. Und Sie möchten, dass Ihr Hund es so bequem wie möglich hat, daher ist ein orthopädisches Bett sehr empfehlenswert, da diese Hunde manchmal Gelenkbeschwerden und Schmerzen haben. Gute orthopädische Betten erhalten Sie bereits ab ca. 50,00 €.

Futter-/Wassernäpfe – Sie sollten Ihrem Hund nicht nur eine Kiste zum Schlafen zur Verfügung stellen, sondern auch dafür sorgen, dass er einen Satz hochwertiger Futter- und Wassernäpfe hat. Die besten Materialien hierfür sind Edelstahl, da es leicht zu reinigen ist und keine Bakterien beherbergt. Wählen Sie Schüsseln, die schwer sind, damit der Hund sie nicht umstoßen oder umkippen und eine Sauerei verursachen kann. Die durchschnittlichen Kosten für gute Edelstahl-Schalen liegen bei etwa 20,00 €.

Spielzeug – Geben Sie Ihrer Französischen Bulldogge viel Spielzeug, damit sie nicht auf Dingen herumkaut, die nicht als Spielzeug geeignet sind. Sie können auch zur geistigen Anregung und Bereicherung verwendet werden. Für den Anfang sollten Sie eine Auswahl an Spielzeugen für Ihren Hund kaufen, bis Sie wissen, welche Art er bevorzugt. Planen Sie vielleicht 60,00 € für Spielzeug ein, um sicherzugehen, dass Sie genug haben, um die Welpenphase zu überstehen.

Mikrochipping – In Deutschland gibt es keine bundesrechtlichen Vorschriften, die besagen, dass Sie Ihren Hund mit einem Mikrochip versehen lassen müssen, aber es ist eine sehr gute Idee. Ihre Französische Bulldogge könnte beispielsweise beim Spazierengehen im Park aus dem Geschirr rutschen und abhauen. Wenn jemand ihn dann findet, kann er ihn in ein Tierheim bringen, um seinen Mikrochip scannen zu lassen. Ein Mikrochip wird unter die Haut Ihres Hundes implantiert und trägt eine Nummer, die mit Ihren Kontaktinformationen verknüpft ist. Es ist gewissermaßen eine Art Personalausweis des Hundes, der nur ca. 12 x 2 mm groß ist. Die Prozedur dauert nur ein paar Minuten und kostet in den meisten Fällen zwischen 40,00 € und 60,00 €. Nachfolgend finden Sie eine Auflistung bezüglich der Chippflicht in den einzelnen Bundesländern:

Baden-Württemberg	Die Chippflicht gilt nur bei Hunderassen, die als besonders gefährlich gelten.
Bayern	Kein Chip notwendig. Nur eine Tätowierung ist erforderlich.
Berlin	Chippflicht für alle Hunderassen.
Brandenburg	Chippflicht für alle gefährlichen Hunde sowie für alle Hunde mit einem Gewicht von mindestens 20 kg und einer Widerristhöhe von mindestens 40 cm.
Bremen	Chippflicht nur für gefährliche Rassen.
Hamburg	Chippflicht für alle Rassen ab dem 3. Lebensmonat.
Hessen	Chippflicht nur für gefährliche Rassen (nur vom Tierarzt einzupflanzen).

Mecklenburg-Vorpommern	Chippflicht nur für gefährliche Rassen.
Niedersachsen	Chippflicht für alle Rassen ab dem 7. Lebensmonat.
Nordrhein-Westfalen	Chippflicht für alle gefährlichen Hunde sowie für alle Hunde mit einem Gewicht von mindestens 20 kg und einer Widerristhöhe von mindestens 40 cm ab dem 3. Lebensmonat.
Rheinland-Pfalz	Chippflicht nur für gefährliche Rassen.
Saarland	Chippflicht nur für gefährliche Rassen.
Sachsen	Kein Chip notwendig und auch sonst keine Kennzeichnung.
Sachsen-Anhalt	Chippflicht für alle Rassen ab dem 7. Lebensmonat (nur vom Tierarzt einzupflanzen).
Schleswig-Holstein	Chippflicht für alle Rassen ab dem 3. Lebensmonat (nur vom Tierarzt einzupflanzen).
Thüringen	Chippflicht für alle Rassen (nur vom Tierarzt einzupflanzen).

Erstimpfungen – Während des ersten Lebensjahres Ihres Hundes benötigt er eine Reihe von verschiedenen Impfungen. Wenn Sie Ihren Welpen von einem seriösen Züchter kaufen, hat er vielleicht schon einige erhalten, aber in den nächsten Monaten sind noch weitere sowie jährliche Auffrischungsimpfungen erforderlich. Die Pflichtimpfungen betreffen:

- Tollwut
- Leptospirose
- Parvovirose
- Hepatitis contagiosa canis
- Staupe

Die Wahlimpfungen, die in einzelnen Fällen sinnvoll sein können, betreffen:

- Babesiose
- Leishmaniose

- Borreliose
- Pilzinfektionen
- Zwingerhusten

Die Grundimmunisierung beginnt in der achten Woche und ist mit zwei Folgeimpfungen nach ca. 16 Wochen abgeschlossen. Erst nach dieser Zeit ist der Hund vollständig geschützt. Die erste Auffrischung sollte nach 15 Monaten geschehen. Der Weltverband für Kleintierärzte hält danach eine Wiederauffrischung der meisten Impfungen im Abstand von drei Jahren für absolut ausreichend. Die Impfungen gegen Zwingerhusten und Leptospirose sollten dagegen wirklich jährlich wiederholt werden. Sie sollten etwa 50,00 € bis 70,00 € für die ersten Impfungen einplanen, nur um vorbereitet zu sein.

Kastration – Wenn Sie nicht vorhaben, Ihre Bulldogge zu züchten, sollten Sie ihn oder sie vor dem Alter von sechs Monaten kastrieren lassen. Die Kosten für diese Operation variieren, je nachdem, wo Sie hingehen und je nach Geschlecht Ihres Hundes. Wenn Sie zu einem traditionellen Tierarzt gehen, können die Kosten für eine Kastrationsoperation sehr hoch sein, aber Sie können Geld sparen, wenn Sie zu einer Tierklinik gehen. Die durchschnittlichen Kosten für eine Kastration betragen 150,00 € bis 250,00 €.

Zubehör/Accessoires – Zusätzlich zum Kauf der Kiste und der Futter-/Wassernäpfe für Ihre Bulldogge sollten Sie auch einige grundlegende Pflegeprodukte sowie eine Leine und ein Geschirr kaufen. Die Kosten für diese Artikel variieren je nach Qualität, aber Sie sollten etwa 100,00 € für diese zusätzlichen Kosten einplanen.

Die monatlichen Kosten für die Haltung einer Französischen Bulldogge als Haustier umfassen die Kosten, die monatlich wiederkehren. Die wichtigsten monatlichen Kosten für die Haltung eines Hundes sind natürlich die Kosten für das Futter. Neben dem Futter müssen Sie aber auch an Dinge wie den Ersatz von Spielzeug und tierärztliche Untersuchungen denken. Im Folgenden finden Sie eine Übersicht über diese Kosten:

Futter und Leckerlis – Die Fütterung Ihrer Französischen Bulldogge mit einer gesunden Ernährung ist sehr wichtig für seine Gesundheit und sein

Wohlbefinden. Eine hochwertige Ernährung für Hunde ist nicht billig, daher sollten Sie bereit sein, etwa 100,00 € für einen großen Beutel mit hochwertigem Hundefutter auszugeben, der mindestens einen Monat lang reicht. Sie sollten auch ein monatliches Budget von etwa 20,00 € bis 30,00 € für Leckerlis einplanen.

Tierärztliche Untersuchungen – Um Ihre Französische Bulldogge gesund zu erhalten, sollten Sie sie etwa alle sechs Monate zum Tierarzt bringen, nachdem sie das Welpenalter überschritten hat. In den ersten zwölf Monaten müssen Sie den Hund möglicherweise häufiger hinbringen, um sicherzustellen, dass er seine Impfungen rechtzeitig erhält. Die durchschnittlichen Kosten für einen Tierarztbesuch belaufen sich auf etwa 50,00 €. Wenn Sie also zwei Besuche pro Jahr machen, sind das im Durchschnitt etwa 8,33 € pro Monat. Je nachdem, wie gesund oder ungesund Ihr Hund ist, steht dieser Betrag jedoch in Relation zu der medizinischen Versorgung, die er benötigt.

Andere Kosten – Zusätzlich zu den monatlichen Kosten für das Futter Ihrer Bulldogge und die Tierarztbesuche gibt es noch einige andere Kosten, die Sie gelegentlich bezahlen müssen. Diese Kosten können Dinge wie Ersatz für abgenutztes Spielzeug, ein größeres Geschirr, wenn Ihr Welpe wächst, Reinigungsprodukte und mehr umfassen. Sie sollten etwa 20,00 € pro Monat für zusätzliche Kosten einplanen.

Kapitel 3: Was Sie beim Kauf einer Französischen Bulldogge beachten sollten

Wenn Sie sich bereits für eine Französische Bulldogge entschieden haben, dann gratuliere ich Ihnen. Sie haben ungefähr zehn bis zwölf Jahre Spaß und Lachen, Liebe und Zuneigung, mit einer Prise Murren und Mühseligkeit vor sich. Aber wo sollen Sie mit der Suche nach Ihrem Hund beginnen? Sollten Sie in eine Zoohandlung gehen? Sollten Sie online einkaufen? Lesen Sie weiter, um die Antworten auf Ihre Fragen zu finden. In diesem Kapitel erhalten Sie außerdem wertvolle Tipps für die Auswahl eines gesunden Welpen und die Absicherung Ihres Zuhauses gegen Welpen.

Wo können Sie Französische Bulldoggen kaufen?

Wenn Sie die Entscheidung getroffen haben, Hundebesitzer zu werden, beginnt der Spaß, sobald Sie sich auf die Suche nach dem Hund machen, der Ihr Herz erobern und Sie dazu bringen wird, ihn mit nach Hause zu nehmen.

Viele Menschen denken, dass der beste Ort, um einen Hund zu finden, die Zoohandlung ist, aber das ist leider ein großer Irrtum. Die Welpen in der Zoohandlung sehen zwar niedlich und knuddelig aus, aber man kann nicht wissen, ob sie wirklich gesund oder gut gezüchtet sind. Viele Zoohandlungen beziehen ihre Welpen aus Welpenmühlen und verkaufen die Welpen an ahnungslose Hundeliebhaber. Welpen aus Welpenmühlen sind oft schon krank, wenn sie in die Zoohandlung kommen und haben oft die Staatsgrenzen überquert, um dorthin zu gelangen.

Eine Welpenmühle ist eine Art von Zuchteinrichtung, die sich mehr auf die Zucht und den Profit konzentriert als auf die Gesundheit und das Wohlbefinden der Hunde. Welpenmühlen halten ihre Hunde in der Regel unter erbärmlichen Bedingungen und zwingen sie, einen Wurf nach dem anderen zu gebären, mit wenig bis gar keiner Ruhepause dazwischen. Viele der Hunde, die in Welpenmühlen für die Zucht eingesetzt werden, sind selbst schlecht gezüchtet oder von vornherein ungesund, wodurch praktisch sichergestellt wird, dass die Welpen die gleichen Probleme haben werden. Sie sollten nur dann einen Welpen aus einer Tierhandlung mit nach Hause nehmen, wenn die Tierhandlung eine Partnerschaft mit einem örtlichen Tierheim hat und die Hunde von dort bezogen werden. Wenn die Zoohandlung Ihnen nicht sagen kann, von welchem Züchter die Welpen stammen, oder wenn sie Ihnen keine Papiere oder eine Registrierung für den Welpen anbieten, ist es wahrscheinlich, dass der Welpe aus einer Welpenmühle stammt.

Anstatt einen Welpen in einer Zoohandlung zu kaufen, ist es am besten, einen seriösen Züchter für Französische Bulldoggen zu finden. Wenn Sie sich noch nicht für einen Welpen entschieden haben, können Sie in Erwägung ziehen, ein Tier aus einem örtlichen Tierheim zu adoptieren. Es gibt viele Vorteile, die mit der Rettung eines erwachsenen Hundes verbunden sind. Zum einen liegen die Adoptionsgebühren in der Regel deutlich unter den Kosten, die ein Welpe bei einem Züchter kostet. Außerdem ist ein erwachsener Hund bereits stubenrein. Ein zusätzlicher Bonus ist, dass die meisten Tierheime ihre Hunde kastrieren lassen, bevor sie sie abgeben, so dass Sie die Kosten für die Operation nicht selbst tragen müssen. Ein weiterer Vorteil ist, dass ein erwachsener Hund das Welpenstadium bereits hinter sich gelassen hat, sodass seine Persönlichkeit feststeht – bei einem Welpen können Sie nie ganz sicher sein, wie er sich entwickeln wird.

Wie Sie einen seriösen Züchter auswählen

Wenn Sie bereit sind, mit der Suche nach einem Französischen Bulldoggen-Welpen zu beginnen, können Sie Ihre Suche nach einem Züchter online beginnen. Eine einfache Internetsuche wird Ihnen wahrscheinlich eine Vielzahl von Ergebnissen liefern, aber wenn Sie einen seriösen Züchter finden möchten, müssen Sie vielleicht etwas tiefer graben. Stellen Sie eine Liste von Züchtern aus allen möglichen Quellen zusammen und nehmen Sie sich dann die Zeit, jede Option durchzugehen, um festzustellen, ob der Züchter seriös und verantwortungsvoll ist oder nicht. Sie möchten nicht das Risiko eingehen, einen Welpen von einem Hobbyzüchter oder von jemandem zu kaufen, der keine verantwortungsvollen Zuchtmethoden anwendet. Wenn Sie nicht aufpassen, wo Sie Ihren Welpen herbekommen, könnten Sie am Ende einen Welpen bekommen, der bereits krank ist.

Sobald Sie eine Liste von Züchtern zur Hand haben, können Sie diese nacheinander durchgehen, um Ihre Optionen einzugrenzen. Gehen Sie dazu die folgenden Schritte durch:

- Besuchen Sie die Website jedes Züchters auf Ihrer Liste (sofern sie eine haben) und suchen Sie nach wichtigen Informationen über die Geschichte und Erfahrung des Züchters.
- Prüfen Sie auf Vereinsregistrierungen und eine Lizenz, falls zutreffend.
- Wenn die Website keine Informationen über die Einrichtungen oder den Züchter enthält, gehen Sie am besten einfach weiter.
- Nachdem Sie einige Züchter ausgeschlossen haben, nehmen Sie telefonisch Kontakt mit den verbleibenden Züchtern auf Ihrer Liste auf.

Stellen Sie dem Züchter die folgenden Fragen:

- Wie alt sind die Elterntiere?
- Können Sie mir die Gesundheitsprüfungen der Elterntiere mitteilen?
- Warum haben Sie sich für diese spezielle Zucht entschieden?
- Können Sie mir etwas über die Hunde im 3-Generationen-Stammbaum sagen?
- Wie haben Sie die Welpen aufgezogen? Haben Sie mit dem Training und der Sozialisierung begonnen?
- Können Sie Referenzen von früheren Käufern angeben?

Die Antworten auf diese Fragen müssen in diese Richtung gehen:

- Die Hündin darf nicht jünger als 18 Monate und der Rüde nicht jünger als 12 Monate sein. Den Hunden muss Zeit gegeben werden, um zu reifen, bevor sie verpaart werden.
- Der Züchter muss in der Lage sein, sicherzustellen, dass die Elterntiere untersucht und für gesund und zuchttauglich befunden wurden.
- Die Antwort sollte gut durchdacht sein und ein vernünftiges Ziel beinhalten.

- Ein guter Züchter wird Ihnen ohne mit der Wimper zu zucken einen detaillierten Bericht über den 3-Generationen-Stammbaum geben können, weil er ihn auswendig kennt und stolz darauf ist.
- Der Züchter sollte bereits damit begonnen haben, den Welpen in die Welt einzuführen und sollte in der Lage sein, Ihnen zu zeigen, wie Sie das Training und die Sozialisierung fortsetzen können.
- Ein guter Züchter bleibt mit den Besitzern in Kontakt, um ihnen Hilfestellung zu geben, daher sollte er in der Lage sein, Ihnen Referenzen zu geben.
- Erwarten Sie von einem seriösen Züchter, dass er Ihnen auch Fragen zu Ihrer Person stellt – ein verantwortungsbewusster Züchter möchte sicherstellen, dass seine Welpen in ein gutes Zuhause kommen.
- Vereinbaren Sie einen Termin, um die Einrichtungen der verbleibenden Züchter auf Ihrer Liste zu besichtigen, nachdem Sie noch ein paar mehr von ihnen aussortiert haben.
- Bitten Sie um eine Führung durch die Einrichtungen, einschließlich des Ortes, an dem die Zuchttiere gehalten werden, sowie der Einrichtungen, in denen die Welpen untergebracht sind.
- Wenn die Dinge unorganisiert oder unsauber aussehen, kaufen Sie nicht bei dem Züchter.
- Vergewissern Sie sich, dass sich die Zuchttiere in einem guten Zustand befinden und dass die Welpen alle gesund und aktiv sind.
- Grenzen Sie Ihre Liste auf einige wenige Optionen ein und treffen Sie dann Ihre Entscheidung im Umgang mit den Welpen.
- Vergewissern Sie sich, dass der Züchter eine Art Gesundheitsgarantie anbietet und erkundigen Sie sich nach eventuellen Impfungen, die die Welpen bereits erhalten haben.
- Legen Sie bei Bedarf eine Anzahlung an, um einen Welpen zu reservieren, wenn er noch nicht bereit ist, nach Hause zu kommen.

Tipps für die Auswahl eines gesunden Welpen

Nachdem Sie Ihre Optionen für Züchter eingegrenzt haben, müssen Sie Ihren Welpen aussuchen. Wenn Sie zum ersten Mal einen Hund besitzen, lassen Sie sich nicht von der Aufregung um einen neuen Welpen mitreißen – nehmen Sie sich die Zeit, eine sorgfältige Auswahl zu treffen.

Wenn Sie den Prozess überstürzen, könnten Sie am Ende einen Welpen bekommen, der nicht gesund ist oder dessen Persönlichkeit nicht zu Ihrer Familie passt. Befolgen Sie die folgenden Schritte, um Ihren Französischen Bulldoggen-Welpen auszusuchen:

- Bitten Sie den Züchter, Ihnen eine Führung durch die Einrichtungen zu geben, insbesondere dort, wo die Welpen gehalten werden.
- Vergewissern Sie sich, dass die Einrichtungen, in denen die Welpen untergebracht sind, sauber und hygienisch einwandfrei sind. Wenn es Anzeichen für Durchfall gibt, sollten Sie keinen der Welpen kaufen, da sie möglicherweise bereits krank sind.
- Nehmen Sie sich ein paar Minuten Zeit, um den Wurf als Ganzes zu beobachten und zu sehen, wie die Welpen miteinander umgehen.
- Die Welpen sollten aktiv und verspielt sein und auf eine gesunde Weise miteinander interagieren.
- Vermeiden Sie Welpen, die lethargisch zu sein scheinen und sich nur schwer bewegen können – sie sind höchstwahrscheinlich krank.
- Nähern Sie sich dem Wurf und beobachten Sie, wie die Welpen auf Sie reagieren, wenn Sie dies tun.
- Wenn die Welpen ängstlich wirken, sind sie möglicherweise nicht richtig sozialisiert und so einen Welpen möchten Sie wahrscheinlich nicht haben.
- Einige der Welpen sind vielleicht etwas zurückhaltend, aber die meisten sollten sehr freundlich und neugierig sein und sich für Sie interessieren.
- Lassen Sie die Welpen auf Sie zukommen und geben Sie ihnen Zeit, Sie zu beschnuppern und zu erkunden, bevor Sie mit ihnen interagieren.
- Streicheln Sie die Welpen und ermutigen Sie sie, mit einem Spielzeug zu spielen und nutzen Sie die Gelegenheit, um ihre Persönlichkeiten zu beobachten.
- Suchen Sie sich einen der Welpen aus, von dem Sie glauben, dass er gut zu Ihnen passen könnte und verbringen Sie ein wenig Zeit mit ihm.
- Nehmen Sie den Welpen hoch und halten Sie ihn, um zu sehen, wie er auf menschlichen Kontakt reagiert.

- Der Welpe sollte anhänglich und verspielt sein. Er sollte keine Angst vor Ihnen haben und es genießen, gestreichelt zu werden.
- Untersuchen Sie den Körper des Welpen auf Anzeichen von Krankheiten und Verletzungen.
- Der Welpe sollte klare, helle Augen haben, die keinen Ausfluss haben. Das Fell sollte gleichmäßig sein und keine Flecken mit Haarausfall oder Verfärbungen aufweisen.
- Die Ohren sollten Fledermausohren sein, sauber und klar, ohne Ausfluss oder Entzündungen.
- Die Nase sollte schwarz sein. Heller gefärbte Nasen sind nur dann akzeptabel, wenn die Farbe des Hundes ebenfalls heller ist.
- Der Bauch des Welpen darf rund sein, aber er sollte nicht aufgebläht oder geschwollen sein.
- Der Welpe sollte normal gehen und laufen können, ohne Probleme mit der Beweglichkeit zu haben.
- Schränken Sie Ihre Auswahl ein und wählen Sie den Welpen, der Ihrer Meinung nach am besten passt.

Wenn Sie sich für Ihren Welpen entschieden haben, fragen Sie den Züchter nach den nächsten Schritten. Nehmen Sie den Welpen nicht mit nach Hause, wenn er nicht mindestens neun oder zehn Wochen alt ist, denn Französische Bulldoggen können bockig und unangenehm werden, wenn sie zu früh von ihrer Mutter und ihrem Wurf getrennt werden. Und natürlich müssen Sie sicherstellen, dass er vollständig entwöhnt wurde und bereits feste Nahrung zu sich nimmt.

Kapitel 4: Ist die Französische Bulldogge der richtige Hund für Sie?

Nachdem Sie die praktischen Aspekte der Haltung einer Französischen Bulldogge als Haustier kennengelernt haben, können Sie sich nun mit der Pflege Ihres Hundes und den damit verbundenen Aufgaben befassen. In diesem Abschnitt geht es um seinen Lebensraum und seine Bewegungsbedürfnisse und Sie lernen, wie Sie Ihr Zuhause vorbereiten und zu einer idealen Umgebung für Ihren Welpen machen können. Es ist sowohl für Sie als auch für Ihren Welpen wichtig, dass er einen Platz hat, den er sein Eigen nennen kann, damit Sie sich sicher fühlen können, dass Sie eine Möglichkeit haben, ihn in Ihrer Abwesenheit zu halten, ohne ihn immer in einer Kiste unterbringen zu müssen.

Bevor Sie Ihre Französische Bulldogge nach Hause bringen sollten Sie sich zunächst diese Fragen stellen:

- Verbringen Sie den Großteil Ihrer Zeit außer Haus? Wenn ja, werden Sie Ihren Hund mitnehmen können?

Französische Bulldoggen mögen es nicht, für längere Zeit allein oder von ihren Besitzern getrennt zu sein und sie leiden unter Trennungsangst. Es wäre grausam, sie dem auszusetzen, wenn Sie nur vorhaben, sie die ganze Zeit zu Hause zu lassen.

- Sind Sie in der Lage, zusätzliche Arztrechnungen zu bezahlen?

Französische Bulldoggen sind dafür bekannt, dass sie sehr pflegeintensiv sind, was die medizinische Versorgung angeht, also müssen Sie sicher sein, dass Sie im Notfall Geld ausgeben können.

- Haben Sie das Zeug dazu, ein fester, konsequenter, geduldiger und kreativer Trainer zu sein?

Dies sind alles Anforderungen für eine gut erzogene Französische Bulldogge, weil sie sehr eigensinnige Kreaturen sind und diese Eigenschaften benötigt werden, um sie erfolgreich zu trainieren.

- Können Sie Sabber, lästige Geräusche und gelegentliche üble Gerüche tolerieren?

Diese Rasse schnarcht, schnaubt, keucht und furzt regelmäßig.

Für Familien wäre es auch eine gute Idee, sich hinzusetzen und alle Mitglieder zu fragen, ob sie alle mit der Anschaffung eines Hundes einverstanden sind. Wenn die Entscheidung gefallen ist, können Sie gemeinsam die Hausregeln und die Aufgabenverteilung bei der Betreuung des Hundes besprechen (zum Beispiel Sperrgebiete, Fütterungszeiten, Töpfchenzeiten usw.). Sie sollten jedoch nur ein Familienmitglied bestimmen, das die Hauptautoritätsperson des Hundes sein wird und jederzeit für die Stubenreinheit und das Training verantwortlich sein wird.

Anforderungen an Lebensraum und Bewegung

Das Schöne am Besitz einer Französischen Bulldogge ist, dass Sie sich keine Gedanken über Ihren Lebensraum oder Ihr Fitnessprogramm (oder dessen Fehlen) machen müssen. Diese kleinen, liebenswerten Kreaturen können sich an Wohnungen oder große Häuser oder alles dazwischen anpassen. Sie brauchen keine Gärten oder große Flächen, um sich zu Hause zu fühlen. Tatsächlich wäre ein beträchtlicher Prozentsatz dieser Rasse wahrscheinlich vollkommen zufrieden damit, für den Rest ihres Lebens nur auf einer Couch mit Ihnen zu lümmeln. Einige von ihnen spielen gerne, aber aufgrund ihrer Größe brauchen sie nicht wirklich viel Platz, um spielen zu können. Ihr Wohnzimmer reicht in der Regel schon aus, oder Sie können mit ihm einen kurzen Spaziergang machen. Wenn Sie Ihren Hund auffordern, sollten Sie unbedingt vorangehen, um Ihre Autorität zu demonstrieren. Um Fettleibigkeit zu vermeiden, brauchen sie täglich etwa 15 Minuten Bewegung. Um Atemwegsproblemen vorzubeugen, sollten Sie die körperlichen Aktivitäten nicht überschreiten, die ihre geringe Ausdauer zulässt. Ein Zeichen dafür, dass Sie aufhören und sie ausruhen lassen sollten, ist, wenn sie anfangen zu hecheln.

Außerdem sind sie in Bezug auf die Gesundheit der Atemwege nicht dafür geeignet, an Orten zu leben, an denen es keine Klimaanlagen gibt, um die Hitze an Tagen mit hohen Temperaturen zu bekämpfen. Sie sollten so oft wie möglich an kühlen Orten gehalten werden. Für den Fall, dass es sich nicht vermeiden lässt, sollten Sie Kühlpads und Trinkwasser für die erste Hilfe bereithalten. Nehmen Sie sie an warmen oder feuchten Tagen nicht mit zum Sport und lassen Sie sie auf keinen Fall lange in der Sonne liegen. Wenn Sie einen längeren Aufenthalt im Freien planen – unter für Ihr Haustier erträglichen Wetterbedingungen –, sollten Sie Ihren Hund mit Sonnenschutzmittel eincremen, da diese Rasse Sonnenbrand bekommt und es für sie sehr schmerzhaft ist. Für Besitzer, die einen Pool haben oder gerne an den Strand gehen, ist es äußerst wichtig zu wissen, dass die Französische Bulldogge in jedem Gewässer, das ihre Körpergröße übersteigt, sofort untergehen und ertrinken wird. Ständige Aufsicht ist ein Muss, wenn sie sich in der Nähe von Gewässern mit gefährlicher Höhe aufhält. Glücklicherweise gibt es für Menschen, die darauf bestehen würden, mit ihrem Hund zu schwimmen, Schwimmwesten für sie.

Kommen wir nun dazu, wie Sie dafür sorgen können, dass sich Ihr Hund zu Hause fühlt und wohlfühlt. Zunächst müssen Sie ihn mit bestimmten Dingen versorgen. Eine Kiste ist eines der wichtigsten Dinge, die Sie benötigen, wenn Sie Ihren neuen Welpen nach Hause bringen. Sie ist nicht nur ein Schlafplatz für Ihren Welpen, sondern auch ein Ort, an dem Sie ihn einsperren können, wenn Sie nicht zu Hause sind oder wenn Sie ihn nicht im Auge behalten können. Ihr Welpe braucht auch einige andere grundlegende Dinge wie einen Wassernapf, einen Futternapf, ein Geschirr, eine Leine, Spielzeug und Pflegezubehör.

Beim Kauf von Futter- und Wassernäpfen sind Sicherheit und Hygiene die beiden wichtigsten Punkte. Edelstahl ist das beste Material, weil es leicht zu reinigen und resistent gegen Bakterien ist. Keramik ist eine weitere gute Option. Schwere Näpfe sind ebenfalls von Vorteil, da der Welpe sie nicht umkippen oder über den Boden schieben kann, was Sie vor unnötiger Verschmutzung bewahrt. Vermeiden Sie Futter- und Wassernäpfe aus Kunststoff, da sie zerkratzt werden können und die Kratzer Bakterien beherbergen können. Denken Sie daran, dass es für diese Rasse wichtig ist, sich für ein Geschirr anstelle eines Halsbandes zu entscheiden, und Sie sollten natürlich eines wählen, das zu seiner Größe passt. Dies kann bedeuten, dass Sie mehrere Geschirre und Leinen kaufen müssen, während Ihr Welpe noch wächst. Ein Geschirr ist beim Training an der Leine hilfreich, da es Ihre Kontrolle über Ihren Welpen verbessert.

Stellen Sie Ihrem Welpen eine Auswahl an verschiedenen Spielzeugen zur Verfügung und lassen Sie ihn herausfinden, welche er mag. Es ist sehr wichtig, dass Sie verschiedene Spielzeuge im Haus haben, da Sie diese verwenden müssen, um das natürliche Kauverhalten Ihres Welpen umzulenken, während er lernt, worauf er kauen darf und worauf nicht. Für die Pflege benötigen Sie einen Hundehandschuh aus Gummi oder eine Bürste mit weichen Borsten für das tägliche Bürsten.

Vor allem müssen Sie daran denken, dass die Französische Bulldogge in einem Zuhause gedeiht, in dem sie mit Aufmerksamkeit und Liebe überschüttet wird.

Einrichten des Bereichs für Ihren Welpen

Bevor Sie Ihren Welpen mit nach Hause nehmen, sollten Sie einen bestimmten Bereich in Ihrem Zuhause einrichten, der ihm gehören soll. Die ideale Einrichtung umfasst die Kiste Ihres Welpen, ein bequemes Hundebett, seine Futter- und Wassernäpfe, eine Auswahl an Spielzeug und eine Katzentoilette, da diese Rasse ein Innenhund ist. Sie können all diese Gegenstände in einem kleinen Raum anordnen, der sich leicht mit einem Zaun oder einem Tor absperren lässt, oder Sie können einen Welpenlaufstall verwenden, um Ihrem Welpen etwas Freiraum zu geben, ihn aber dennoch etwas einzuschließen. Es wäre ideal, einen Raum zu wählen, in dem die meisten Aktivitäten im Haus stattfinden, damit sich Ihr Welpe nicht isoliert fühlt.

Wenn Sie Ihren Welpen nach Hause bringen, werden Sie viel mit ihm arbeiten müssen, um ihn an die Kiste zu gewöhnen. Es ist sehr wichtig, dass Sie das tun, denn das Letzte, was Sie wollen, ist, dass Ihr Welpe eine negative Assoziation mit der Kiste entwickelt. Wenn dies geschieht, wird es sehr schwierig sein, Ihrem Welpen die Kiste wieder abzugewöhnen und es wird höchstwahrscheinlich Ihren Erfolg beim Stubentraining zunichte machen. Es ist wichtig, dass Ihr Welpe lernt, dass die Kiste sein eigener spezieller Ort ist, ein Ort, an dem er sich entspannen und ein Nickerchen machen kann, wenn er das möchte. Wenn Sie die Kiste als Strafe benutzen, wird Ihr Welpe sie nicht benutzen wollen.

Um Ihren Welpen an die Kiste zu gewöhnen, versuchen Sie, ein paar Leckerlis hineinzuwerfen und ihn sie herausfischen zu lassen. Die Fütterung Ihres Welpen in der Kiste bei geöffneter Tür ist ebenfalls hilfreich. Sie können die Kiste auch in Ihre Spielzeit einbeziehen, indem Sie Spielzeug in die Kiste werfen oder Leckerlis unter einer Decke in der Kiste verstecken. Wenn sich Ihr Welpe an die Kiste gewöhnt hat, können Sie damit beginnen, ihn für kurze Zeit bei geschlossener Tür in der Kiste zu halten und sich zu längeren Zeiträumen vorarbeiten. Achten Sie nur darauf, dass Sie Ihren Welpen vor und nach dem Einsperren nach draußen lassen und zwingen Sie ihn nie, länger in der Box zu bleiben, als er körperlich in der Lage ist, seinen Darm und seine Blase zu halten.

Kapitel 5:
Vorbereitungen für Ihren Welpen

Wenn endlich der Tag kommt, an dem Ihr Welpe nach Hause kommt, werden Sie und eventuell Ihr Partner oder Ihre Familie wahrscheinlich unglaublich aufgeregt sein. Bis es jedoch so weit ist, ist eine Menge Arbeit nötig, damit Ihr Zuhause bereit ist, Ihr neues Familienmitglied zu empfangen. Wie bei jedem kleinen, intelligenten Hund müssen Sie mehr tun, als Sie es bei weniger intelligenten Welpen tun müssten. Die Welpensicherheit Ihres Zuhauses ist ein großes Unterfangen, daher sollten Sie mindestens einen Monat vor der Ankunft Ihres Welpen damit beginnen.

Die Familie mit einbinden

Wenn Sie Kinder haben, dann müssen Sie, bevor Sie mit dem Welpenschutz beginnen, zunächst einmal Ihre Kinder auf den neuen Französischen Bulldoggen-Welpen vorbereiten, besonders wenn sie jünger sind. Es ist wahrscheinlich, dass Ihre Kinder mehr Zeit mit dem neuesten Familienmitglied verbringen werden, weil sie mehr zu Hause sein werden, es sei denn, Sie haben das Glück, von zu Hause aus zu arbeiten. Das bedeutet, dass sie wissen sollten, wie man richtig mit dem Hund spielt – oder verstehen, dass sie nicht ohne Aufsicht eines Erwachsenen mit dem Hund spielen sollten.

Legen Sie lange vor der Ankunft des Welpen – mindestens eine Woche – die Regeln fest und weisen Sie Verantwortlichkeiten zu. Sie müssen planen, diese Regeln auch vor der Ankunft des Welpen mehrmals durchzugehen, um sicherzustellen, dass jeder weiß, was von ihm erwartet wird. Dazu gehört, dass Sie die Regeln und Rollen am Tag der Ankunft des Welpen durchgehen – bevor der Welpe ankommt.

Sobald der Welpe bei Ihnen zu Hause ist, müssen Sie anwesend sein, besonders wenn Sie jüngere Kinder haben. Sie müssen überwachen, wie diese mit dem Welpen spielen und sichergehen, dass sie nicht zu grob sind. Stellen Sie sicher, dass Ihre Kinder die folgenden fünf Regeln befolgen:

1. Seien Sie sanft. Obwohl sie voller Energie sind, sind Französische Bulldoggen-Welpen leicht zu verletzen, also seien Sie vorsichtig und spielen Sie sanft mit dem Welpen.
   Sie müssen bei dieser Regel sehr konsequent sein. Wenn Sie sehen, dass die Kinder zu grob spielen, oder wenn der Welpe sich unwohl fühlt, schreiten Sie ein und beenden das Spiel. Sie möchten nicht, dass sich der Welpe in der Nähe Ihrer Kinder unwohl fühlt, also müssen Sie sicherstellen, dass sie dem Welpen nicht das Gefühl geben, gefangen oder in Gefahr zu sein. Wenn der Welpe in dieser Phase beißt, ist das Kind schuld, weil es den Welpen erschreckt hat.

2. Das Herumrennen im Haus sollte unterbunden werden. Das Spielen von Verfolgungsjagden in Innenräumen ist nicht akzeptabel. Von rutschigen Böden bis hin dazu, dass jemand nicht aufpasst und gegen eine Wand oder Möbel rennt, ist es viel zu gefährlich, in der Wohnung zu rennen, sowohl für Kinder als auch für den Hund.

3. Kein Spielen mit dem Welpen während der Mahlzeit. Ihr Welpe muss sich sicher fühlen, wenn er isst, und nicht so, als sollte er spielen oder sein Essen beschützen. Wenn sich Ihr Welpe beim Fressen unwohl fühlt, kann dies später zu Problemen führen. Wenn es Zeit zum Fressen ist, lassen Sie den Welpen sich auf das Futter konzentrieren, ohne dass er das Gefühl hat, dass ihm das Futter weggenommen werden könnte oder dass er stattdessen spielen sollte.

4. Wenn man bedenkt, wie niedlich Französische Bulldoggen-Welpen sind, wird wahrscheinlich jeder den Welpen aufheben wollen, aber das ist sehr schlecht für ihn. Erklären Sie Ihren Kindern, dass der Welpe auf dem Boden gelassen werden muss. Wenn der Hund auf den Schoß von jemandem klettern möchte, ist das in Ordnung, aber niemand sollte den Welpen hochnehmen. Auch wenn er klein ist, wird sich der Welpe nicht wohl fühlen, wenn er von kleineren Kindern hochgehoben wird

– und diese werden nicht in der Lage sein, mit einem wackelnden Welpen umzugehen. Es könnte passieren, dass sie ihn nicht mehr festhalten können und ihn fallen lassen.

5. Bewahren Sie Wertsachen und wichtige Gegenstände außerhalb der Reichweite Ihrer Kinder auf. Sie denken vielleicht, dass es einfach ist, diese Dinge von einem Welpen fernzuhalten, aber es reicht schon, wenn eines Ihrer Kinder einen Gegenstand von einer Oberfläche nimmt und ihn in der Reichweite des Welpen liegen lässt. Kinder neigen dazu, sich nicht allzu viele Gedanken darüber zu machen, womit sie spielen, also ist alles, was in Reichweite ist, Freiwild. Wenn Sie nicht möchten, dass Ihre Kinder und Ihr Welpe bestimmte Gegenstände zerstören, vergewissern Sie sich, dass diese Gegenstände für beide unerreichbar sind.

Die bereits vorhandenen Hunde vorbereiten

Die Kinder bereit zu machen ist eine Aufgabe. Ihren möglicherweise anderen schon vorhandenen Hund oder Hunde bereit zu machen ist eine ganz andere. Sobald Ihre Kinder beginnen, die Regeln zu verstehen, müssen Sie den Hunden helfen, sich so gut wie möglich an die Idee eines neuen Hundes zu gewöhnen. Das erfordert natürlich eine ganz andere Herangehensweise. Sie können mit einem Hund keine Regeln und Rollen festlegen. Es gibt jedoch Dinge, die Sie tun können, um ihnen zu helfen, sich auf den neuesten Familienzuwachs vorzubereiten:

- Beurteilen Sie die Persönlichkeit Ihres Hundes. Hunde, die aggressive oder territoriale Tendenzen gezeigt haben, müssen sorgfältig überwacht werden und sollten nie mit dem Welpen zusammen sein, ohne dass ein Erwachsener anwesend ist. Erregbare Hunde benötigen die gleiche Art von Aufmerksamkeit, da all diese Energie gefährlich sein kann, wenn der Hund zu grob mit dem Welpen spielt.
- Berücksichtigen Sie die Begegnungen, die Ihr Hund oder Ihre Hunde mit anderen Hunden hatten, die in ihr Zuhause kamen. Jegliche territorialen Tendenzen sind wahrscheinlich etwas, das Sie mit dem Welpen überwachen müssen, da Ihr Hund nicht verstehen wird, warum Sie den Welpen bei sich wohnen lassen.

Seien Sie bei der Einführung des Welpen besonders vorsichtig. Wenn noch kein anderer Hund bei Ihnen zu Hause war, laden Sie am besten jemanden mit einem Hund zu einem Spieltermin ein, bevor der Welpe kommt. So bekommen Sie eine Vorstellung davon, was Sie erwarten können. Wenn Sie zuerst einen vertrauten Hund im Haus sehen, wird es Ihrem Hund leichter fallen, andere Hunde in seinem Revier zu akzeptieren.

- Denken Sie an Zeiten, in denen Ihr Hund beschützerisch gehandelt hat, entweder mit Ihnen, einem Familienmitglied oder etwas im Haus. Futter ist in der Regel der häufigste Auslöser für Schutzverhalten, aber auch Gegenstände wie Spielzeug können bei einem Hund Schutzgefühle auslösen.

Richten Sie ausgewiesene Welpenbereiche ein und stellen Sie sicher, dass Ihr Hund oder Ihre Hunde nicht in diese Bereiche gelangen können. Sie müssen den Welpen langsam über einen längeren Zeitraum hinweg kennenlernen. Ihre neue Französische Bulldogge sollte nicht ohne Aufsicht mit Ihren anderen Hunden allein gelassen werden, egal wie sehr Sie das Gefühl haben, dass Sie ihnen vertrauen können. Achten Sie darauf, dass sich keine ihrer Sachen im Welpenbereich befinden, auch nicht das Lieblingskissen Ihres älteren Hundes. Der Bereich des Welpen sollte vollständig von den Orten getrennt sein, an denen sich Ihr älterer Hund gerne aufhält, damit dieser nicht das Gefühl hat, dass der Welpe eine Konkurrenz für diese Dinge ist.

Planen Sie, dass das erste Treffen zwischen dem Welpen und Ihrem Hund draußen an einem neutralen Ort stattfindet. Legen Sie diesen Ort vor dem Tag fest, an dem Ihr Welpe ankommt, und planen Sie, dass ein anderer Erwachsener für das Treffen anwesend ist. Das neutrale Gebiet stellt sicher, dass Ihr Hund bei der ersten Begegnung kein Territorialgefühl entwickelt. Anstatt das Bedürfnis zu haben, das Zuhause zu beschützen, wird Ihr Hund eher neugierig sein, den Welpen zu treffen, was gut ist. Sie möchten, dass die beiden miteinander interagieren, bevor sie nach Hause kommen. Der zusätzliche Erwachsene ist dazu da, um zu helfen. Der Versuch, mit einem aufgeregten Hund und einem hyperaktiven Welpen umzugehen, ist für die meisten Menschen allein viel zu viel, also teilen Sie sich die Arbeit mit einem weiteren Erwachsenen. Das Alphatier Ihres Hauses sollte bei dem Ereignis anwesend sein. Dies wird dazu beitragen, die Hierarchie mit dem Welpen von Anfang an zu etablieren.

Planen Sie ein, sich während der Einführung langsam mit Ihrem Hund und dem Welpen zu bewegen, besonders wenn Ihr Hund keine extrem freundliche, sanfte Persönlichkeit hat. Es kann mehr als eine Woche dauern, bis der Hund sich in der Nähe des Welpen wohl fühlt. In Anbetracht der Tatsache, dass Sie die Dynamik Ihres Zuhauses komplett umgestalten, wird Ihr Hund einige Zeit brauchen, um sich an die Veränderung zu gewöhnen. Es ist verständlich, wenn Ihr Hund nicht erfreut ist, besonders wenn er schon älter ist. Für ältere Hunde ist es schwieriger, einen Welpen zu akzeptieren und es ist sehr wahrscheinlich, dass er seine Frustration an dem Welpen auslässt. Vergewissern Sie sich, dass sich Ihr Hund und der Welpe sicher und wohl fühlen, bevor Sie sie für regelmäßige Interaktionen zusammen lassen.

Wenn Sie bereits mehr als einen Hund haben, gelten alle diese Regeln, aber Sie benötigen bei der ersten Begegnung für jeden Hund einen zusätzlichen Erwachsenen. Denken Sie an die Persönlichkeiten der einzelnen Hunde, da sie alle unterschiedlich auf die Einführung eines neuen Welpen reagieren werden. Wenn es Zeit für die Einführung ist, bringen Sie jeweils einen Hund zum Welpen, nicht alle auf einmal. Ihr Welpe wird überwältigt sein und möglicherweise Angst vor so vielen Hunden haben, die gleichzeitig auf ihn zukommen. Wenn Sie einen Hund nach dem anderen vorstellen, wird der Welpe ruhiger sein.

Welpensicherheit gewährleisten

Das Zuhause birgt viele potenzielle Gefahren für Welpen. Vor der Ankunft Ihres Welpen müssen Sie eine Menge Zeit damit verbringen, Ihr Zuhause so vorzubereiten, dass es so sicher wie möglich ist.

Die Sicherheit für Welpen in Ihrem Zuhause zu gewährleisten nimmt ungefähr so viel Zeit in Anspruch wie die Sicherheit für Babys einzurichten. Planen Sie, einen Monat vor der Ankunft des Welpen damit zu beginnen. Die folgenden Hinweise helfen Ihnen dabei, die gefährlichsten Bereiche in Ihrem Haus zu finden.

Küche und Essbereich

Die Küche ist mit Abstand der gefährlichste Raum für Ihren Welpen. Von giftigen Reinigungsmitteln bis hin zu elektrischen Leitungen gibt es eine Menge Dinge, die Sie sichern müssen, bevor der Welpe nach Hause kommt. Sie sollten all diese Bereiche genauso sichern, wie Sie es bei einem Kind tun würden, denn Ihr Welpe ist schlau und könnte in Bereiche gelangen, in die Sie ihn definitiv nicht lassen wollen.

Sie müssen diese Dinge nicht nur vor der Ankunft Ihres Welpen sichern, sondern auch darauf achten, dass Sie diese gefährlichen Gegenstände immer an ihren sicheren Platz zurückstellen. Gewöhnen Sie sich daran, potenziell gefährliche Gegenstände außerhalb der Reichweite Ihres Welpen aufzubewahren.

Giftige bzw. chemische Substanzen sollten in Schränken aufbewahrt und verschlossen werden, in die Ihr Welpe nicht gelangen kann. Kindersicherungen können verhindern, dass Ihr Welpe sich durchwühlt, um ebenfalls an diese Substanzen zu gelangen.

Eine Sache, die einen Welpen völlig verrückt macht, ist der Mülleimer. Er ist nicht mehr nur ein Behälter für Ihre Essensabfälle – er ist für einen Welpen wie ein Überraschungsei mit interessanten Gerüchen. Aufgrund der vielen stinkenden Abfälle, die Sie in den Mülleimer werfen, müssen Sie sicherstellen, dass er an einem Ort aufbewahrt wird, an dem Ihr Welpe ihn nicht umstoßen kann.

Passen Sie auf, dass sich keine elektrischen Kabel in Reichweite Ihres Welpen befinden. Dies sollte einfach sein, da die meisten Kabel nicht in Bodennähe verlaufen, aber nehmen Sie sich die Zeit, dies zu überprüfen. Wenn Sie zum Beispiel gelegentlich den Stecker des Waffeleisens herausziehen und dessen Kabel herunterhängt, besorgen Sie sich einen Kabelbinder und bündeln Sie den Großteil des Kabels, damit es kein Problem darstellt.

Bad und Waschküche

Die nächst gefährlicheren Bereiche für einen Welpen sind das Badezimmer und die Waschküche. Auch in diesen beiden Räumen befinden sich gefährliche Substanzen, die Sie außerhalb der Reichweite Ihres Welpen aufbewahren müssen.

Gewöhnen Sie sich an, Ihre Toiletten geschlossen zu halten. Ihre Französische Bulldogge ist zwar klein, aber Springen ist für sie kein Problem. Halten Sie die Toilette geschlossen, damit es keine Unfälle gibt. Verwenden Sie niemals automatische Toilettenreiniger. Wenn Sie den Deckel versehentlich offen lassen, wollen Sie nicht, dass Ihr Welpe die Substanz aus dem automatischen Reiniger trinkt.

Wäschebereiche sind einfacher vorzubereiten, da sie kleiner sind und es weniger Dinge gibt, die einem Welpen schaden können. Im Allgemeinen müssen Sie darauf achten, dass Sie keine schmutzigen Kleidungsstücke aufbewahren, an die Ihr Welpe herankommen kann. Zwar sind die Kleidungsstücke in der Regel nicht gefährlich, aber wenn Sie Ihr Haus betreten und schmutzige Kleidung überall verstreut vorfinden, ist das extrem unangenehm, besonders wenn Sie Gäste haben. Es wird auch vorkommen, dass Kleidung oder Lappen in der Wäsche landen, die Chemikalien enthalten. Wenn Sie es sich zur Gewohnheit gemacht haben, diese außer Reichweite aufzubewahren, kann Ihr Welpe nicht an sie herankommen. Sie sollten auch Waschmittel, Bleichmittel und andere Wäscheprodukte in einem Regal aufbewahren, das nicht in Reichweite ist.

Die einfachste Lösung für die Waschküche ist es, die Tür immer geschlossen zu halten. Da es jedoch wahrscheinlich Zeiten geben wird, in denen die Tür offen ist, überprüfen Sie, dass sich alles außerhalb der Reichweite Ihres Welpen befindet.

Andere Räume

Gehen Sie durch den Rest Ihrer Wohnung und vergewissern Sie sich, dass sich keine Stromkabel in Reichweite Ihrer Französischen Bulldogge befinden. Dies wird zeitaufwendig sein, besonders in der Nähe von Schreibtischen und Fernsehern, da sich dort in der Regel eine Menge von Kabeln befinden. Sorgen Sie dafür, dass keine Reinigungsmittel im Freien liegen. Wenn Sie einen Kamin haben, sollten Sie einen neuen Platz für die Aufbewahrung von Reinigungsmitteln und Werkzeugen finden, da Ihre Französische Bulldogge dazu neigen könnte, mit ihnen zu spielen.

Außerdem müssen Sie die Öffnung von Anfang an sichern, damit Ihr Welpe nicht herankommt.

Wenn Sie eine Treppe haben, besorgen Sie ein Tor, um Ihren Welpen davon abzuhalten, diese unbeaufsichtigt zu erklimmen. Bewahren Sie alle scharfen oder potenziell gefährlichen Gegenstände, wie Scheren oder Nähutensilien, an einem sicheren Ort auf. Auch Schreibutensilien sollten an einen sicheren Ort gebracht werden, da Ihr Welpe wahrscheinlich eine Phase durchläuft, in der diese Gegenstände wie Kauspielzeug aussehen. Sie möchten nicht mit einem Welpen in der Tierarztpraxis enden, der mit blauer Tinte und Textmarker bedeckt ist.

Die Garage

Die Garage ist ein sehr aufregender Ort für einen Welpen, jedoch auch unglaublich gefährlich. Dort gibt es Chemikalien, scharfe Gegenstände, schwere Gegenstände und eine Menge anderer gefährlicher Gegenstände, denen Ihr Welpe nicht ausgesetzt werden sollte. Sie werden Ihren Französischen Bulldoggen-Welpen wahrscheinlich nicht ganz aus der Garage fernhalten können, also müssen Sie sich die Zeit nehmen, sie wirklich aufzuräumen. Lassen Sie ihn nicht unbeaufsichtigt in die Garage – wenn möglich, versuchen Sie, den Welpen außerhalb der Garage zu halten, außer wenn er ins Auto einsteigt.

Alle Werkzeuge, Geräte und Gegenstände, die mit der Wartung von Autos (oder allem, was einen Motor oder Räder hat) zu tun haben, müssen irgendwo mit einem Schloss aufbewahrt werden. Dazu gehören auch Gegenstände wie Laubbläser und Fahrradwerkzeuge. Ihr Welpe wird mit großer Wahrscheinlichkeit versuchen, auf einem Fahrradreifen herumzukauen, Frostschutzmittel zu schlucken oder sich im Dünger zu wälzen. Bewahren Sie all diese Gegenstände an einem Ort auf, an den der Welpe nicht gelangen kann.

Eine Angelausrüstung muss ebenfalls an einem Ort aufbewahrt werden, an dem Ihr Welpe sie nicht erreichen kann. Sie kann in einem Schrank oder hoch oben auf einem Regal stehen. Wenn Sie sie hoch oben aufbewahren, vergewissern Sie sich, dass es keine Möglichkeit gibt, daran hochzuklettern. Lassen Sie keine Teile der Ausrüstung über den Rand der Theke baumeln.

Wenn Sie denken, dass Sie fertig sind, treten Sie einen Schritt zurück und untersuchen Sie es aus der Perspektive des Welpen. Gehen Sie auf den Boden und sehen Sie nach, ob Sie etwas übersehen haben. Wenn Sie etwas sehen, das für einen Welpen attraktiv sein könnte, legen Sie es dorthin, wo er es nicht erreichen kann.

Außenbereich und Zäune

Der Welpe sollte nicht über längere Zeit allein nach draußen gehen. Im Garten gibt es viele Gefahren, daher müssen Sie ihn jedes Mal beaufsichtigen, wenn er auf die Toilette geht. Sie müssen bei dem Welpen bleiben. Auch wenn Sie einen Zaun haben, müssen Sie bei ihm bleiben, um aufzupassen, dass nichts passiert.

Zum Glück ist es relativ einfach, den Garten welpensicher zu machen (zumindest im Vergleich zum Innenbereich). Planen Sie etwa eine Stunde ein, um sicherzustellen, dass er für die Ankunft Ihres Welpen bereit ist.

Beginnen Sie damit, den Zaun auf Undichtigkeiten zu untersuchen. Es sollten keine Brüche, Löcher oder losen Bretter vorhanden sein. Vergewissern Sie sich, dass am Boden keine Lücken vorhanden sind, durch die Ihre Französische Bulldogge hindurchschlüpfen und auf die andere Seite gelangen könnte. Diese Dinge müssen behoben werden, bevor Ihr Welpe eintrifft.

Legen Sie fest, wo Ihre Französische Bulldogge die Toilette benutzen soll. Sobald Sie einen bestimmten Ort festgelegt haben, teilen Sie dies dem Rest der Familie mit und überprüfen Sie, dass sich in diesem Bereich keine Gifte oder gefährlichen Utensilien befinden. Selbst etwas so scheinbar harmloses wie eine Vogeltränke ist potenziell gefährlich.

Wählen Sie einen anderen Bereich des Hofs für die Spielzeit. Ihre Französische Bulldogge lernt schnell. Die Orte zum Spielen und für die Toilette sollten unterschiedlich sein, damit der Welpe sich auf das richtige Verhalten in den vorgesehenen Bereichen konzentrieren kann. Unterziehen Sie den Spielbereich der gleichen Inspektion wie den Bereich der Toilette.

Machen Sie einen Spaziergang durch den Garten, um sicherzugehen, dass keine Chemikalien oder gefährlichen Geräte herumliegen, an denen Ihr Welpe knabbern oder sich verletzen könnte. Bringen Sie all diese Dinge an einen sicheren Ort, an dem Ihr Welpe nicht an sie herankommt. Wenn Sie einen Schuppen haben, ist das der perfekte Ort, um sie aufzubewahren.

In Ihrem Garten oder auf Ihrem Balkon sollten sich außerdem keine giftigen Pflanzen befinden. Dazu könnten Gärten gehören, in denen Lebensmittel wachsen, die Hunde nicht fressen sollten. Ihr Welpe wird versuchen, Dinge in Ihrem Garten zu fressen. Alle Wasserflächen sollten gesichert sein, wie zum Beispiel Pools oder kleine Teiche. Der Grill muss ebenso gesichert sein, damit Ihr Welpe nicht daran spielen kann.

Gehen Sie in Ihrem Garten umher und betrachten Sie ihn aus der Perspektive eines kleinen Kindes. Dies wird Ihnen helfen, andere potenzielle Gefahren zu erkennen, die vor der Ankunft des Welpen behoben werden müssen.

Planung des Budgets für das erste Jahr

Kinder sind teurer als Welpen, aber das bedeutet nicht, dass Ihre Ausgaben nicht erheblich steigen werden. Nehmen Sie sich die Zeit, ein Budget für Ihren Welpen aufzustellen, damit Sie immer das Geld haben, um die Grundbedürfnisse zu stillen und das Training aufrechtzuerhalten. Wahrscheinlich werden Sie am Ende mehr ausgeben, als Sie geplant haben, also bauen Sie ein kleines Polster in Ihr Budget ein, um sicherzugehen, dass es Ihnen nicht an Geld mangelt. In Kapitel 2 haben Sie bereits die meisten bzw. wichtigsten aufkommenden Kosten kennengelernt.

Der beste Zeitpunkt, um mit Ihrem Welpenbudget zu beginnen, ist der Tag, an dem Sie sich entscheiden, einen Welpen zu bekommen. Höchstwahrscheinlich werden Sie eine Menge Zeit damit verbringen müssen, die Dinge zu recherchieren, die Sie während des ersten Jahres erledigen müssen. Die Preise von Tierärzten sind unterschiedlich, daher müssen Sie herausfinden, welcher Tierarzt einen guten Ruf hat und wie viel jeder Besuch kosten wird.

Von all den Vorräten, die Sie am Anfang benötigen, bis hin zu den Dingen, die Sie benötigen, um die Grundlagen aufrechtzuerhalten, können Hunde kostspielig sein, selbst wenn sie am Ende nicht so viel kosten, um sie zu füttern. Wenn Sie mit dem Budget beginnen, sobald Sie planen, einen Welpen anzuschaffen, können Sie sichergehen, dass Sie keine unerwarteten Ausgaben haben.

Französische Bulldoggen neigen nicht dazu, sich in Schwierigkeiten zu bringen, aber wenn sie lange genug allein gelassen werden, werden sie versuchen, sich selbst zu beschäftigen. Außerdem neigen sie dazu, sich ängstlich zu fühlen, wenn sie allein sind, sodass sie möglicherweise wertvolle Dinge zerstören. Wenn Sie sie als Welpen in einer Kiste unterbringen, können Sie die Sicherheit erhöhen. Am besten ist es jedoch, wenn Sie sich einfach daran gewöhnen, alle potenziell gefährlichen, wertvollen oder wichtigen Gegenstände außerhalb ihrer Reichweite aufzubewahren. Es ist wirklich nicht so schwer, wenn man die Größe Ihrer Französischen Bulldogge bedenkt, also planen Sie es jetzt und Sie können sich später eine Menge Ärger ersparen.

Nachfolgend finden Sie in zusammengefasster Form eine Liste von Dingen, die Sie tun sollten, wenn Sie Ihr Zuhause welpensicher machen:

- Stellen Sie sicher, dass Ihre Müll- und Recycling-Behälter einen dicht schließenden Deckel haben, oder bewahren Sie sie in einem Schrank auf.
- Stellen Sie alle offenen Lebensmittelbehälter weg und bewahren Sie sie außerhalb der Reichweite Ihres Welpen auf.
- Bewahren Sie Reinigungsmittel und andere gefährliche Chemikalien in einem verschlossenen Schrank oder einer Speisekammer auf, wo Ihr Welpe sie nicht erreichen kann.
- Vergewissern Sie sich, dass Stromkabel und Jalousiezüge eingewickelt und außerhalb der Reichweite Ihres Welpen platziert sind.
- Heben Sie alle kleinen Gegenstände oder Spielzeuge auf, die eine Erstickungsgefahr darstellen, wenn Ihr Welpe darauf herumkaut.
- Decken Sie offene Wasserstellen wie Toiletten, Teiche im Freien usw. ab oder lassen Sie sie ablaufen.
- Bewahren Sie Medikamente und Pflegeprodukte im Medizinschrank außerhalb der Reichweite Ihres Welpen auf.

- Überprüfen Sie Ihr Zuhause auf Pflanzen, die für Hunde giftig sein könnten und entfernen Sie sie oder stellen Sie sie außer Reichweite.
- Sperren Sie Feuerstellen, Fenster und Türen ab, damit Ihr Welpe nicht in Schwierigkeiten geraten kann.
- Schließen Sie Treppenhäuser ab und versperren Sie den Zugang zu Räumen, in denen sich Ihr Welpe nicht aufhalten soll.

Kapitel 6: Die richtige Ernährung für Ihre Französische Bulldogge

Es wurde in diesem Buch bereits festgestellt, dass Französische Bulldoggen sehr pflegeintensive Hunde sind. Ihre Ernährungsbedürfnisse und die richtige Ernährung stellen keine Ausnahme von dieser Behauptung dar. Diese Hunde reagieren allergisch auf viele Inhaltsstoffe, die in minderwertigem und billigem Hundefutter verwendet werden, weshalb Sie diese nicht an Ihre Französische Bulldogge verfüttern sollten. Wenn Sie beim Futter sparen, werden Sie am Ende nur noch mehr Geld für Medikamente ausgeben. In diesem Kapitel erhalten Sie grundlegende Richtlinien zur Fütterung Ihres Hundes und bestimmte hochwertige Marken, die die besten Empfehlungen für Französische Bulldoggen sind.

Die Ernährungsbedürfnisse von Französischen Bulldoggen

Französische Bulldoggen benötigen hochwertiges Hundefutter, das speziell mindestens zwei Proteinquellen, Kohlenhydrate aus Süßkartoffeln und komplexen Pflanzen sowie omega-reiche Fette enthält. Ihr Futter sollte keinen Mais, kein Soja und kein Getreide enthalten, die in allen billigen Hundefuttermarken zu finden sind, also halten Sie sich davon fern, wenn Sie ein gesundes Haustier haben möchten.

Die Zusammensetzung der richtigen Ernährung für die Französische Bulldogge ist wie folgt:

- 30 % - Eiweiß
- 30 % - Gesunde Fette
- 20 % - Kohlenhydrate
- 20 % - Vitamine und Mineralien

Tipps zur Fütterung

Genau wie Menschen haben auch Hunde unterschiedliche Persönlichkeiten. Französische Bulldoggen können aktiv oder faul sein, daher hängt ihre Fütterung davon ab, in welche Kategorie sie fallen. Diese Rasse neigt zu Fettleibigkeit und es ist sehr wichtig, dass Sie dies nicht zulassen, da die Wahrscheinlichkeit groß ist, dass dies zu ernsteren gesundheitlichen Komplikationen führt.

Einige Französische Bulldoggen sind während der Mahlzeiten übermäßig enthusiastisch und neigen dazu, zu schnell oder zu viel zu essen, daher wäre es eine gute Idee, den Hund beim Fressen zu beobachten und sicherzustellen, dass er sein Futter nicht zu schnell verschlingt. Der Trick besteht darin, die Menge zu kontrollieren, indem man ihm kleine Portionen gibt und dann eine Weile wartet, bevor man erneut etwas gibt. Dies ist wichtig, da schnelles Fressen dazu führen kann, dass sich der Magen Ihres Hundes umdreht. Dies ist eine sehr ernste und manchmal tödliche Erkrankung, die als Magendilatation und Volvulus bekannt ist. Eine andere Möglichkeit, dies zu vermeiden, besteht darin, Ihr Haustier viermal über den Tag verteilt zu füttern. Das ist die ideale Methode für die Fütterung, aber wenn Sie nicht die Zeit dafür haben, sollten zwei- oder dreimal am Tag in Ordnung sein, solange Sie die zuvor besprochene Überwachungstechnik anwenden.

Welpen benötigen insgesamt 1,5 Schalen Hundefutter am Tag, die nach seinem Essensplan aufgeteilt werden sollten. Ältere Hunde benötigen durchschnittlich 2-3 Schalen pro Tag, ebenfalls aufgeteilt nach seinem Essensplan.

Zu vermeidende gefährliche Nahrungsmittel

Es mag verlockend sein, Ihrem Hund nachzugeben, wenn er am Tisch bettelt, aber bestimmte Nahrungsmittel können tatsächlich giftig für Ihren Hund sein. Generell sollten Sie Ihrem Hund nichts füttern, von dem Sie nicht 100 % sicher sind, dass es verträglich ist. Nachfolgend finden Sie eine Liste von Lebensmitteln, die für Hunde giftig sein können und daher vermieden werden sollten:

- Alkohol
- Apfelkerne
- Avocado
- Kirschkerne
- Schokolade

- Kaffee
- Knoblauch
- Weintrauben/Rosinen
- Hopfen
- Macadamia-Nüsse
- Schimmelpilze
- Pilze
- Senfkörner
- Zwiebeln/Porree
- Pfirsichkerne
- Rhabarberblätter
- Tee
- Tomatenblätter/-stängel
- Walnüsse
- Hefeteig

Rezepte für selbstgekochte Speisen

1. Hühnchen mit Banane und Kartoffeln

Die Zutaten für dieses leckere Welpengericht lauten:

400 Gramm Hühnchen mit Knochen und Haut
4 große Kartoffeln
1 große Banane
2 Karotten
Kräuter wie Petersilie, Dille oder Koreander
1 EL Kokosöl

Kochen Sie das Hühnchen mit den Knochen ca. 30 Minuten zusammen mit einer Prise Salz. Anschließend fügen Sie die in Stücke geschnittenen Karotten hinzu und lassen es weiter kochen. Sobald die Karotten weich sind, fügen Sie die Kräuter hinzu. Die Kartoffeln kochen Sie separat in einem anderen Topf und zwar ohne Salz. Lösen Sie nun das Fleisch vom Knochen und zerteilen es in mundgerechte Stückchen. Fügen Sie nun die Karotten, die Kartoffeln, die Banane und das Kokosöl in einen Mixer. Fügen Sie hierzu ebenso den Kochsud in den Mixer bei, damit alles zu einer schönen Menge Brei vermengen kann. Das Fleisch wird schließlich in einem Napf serviert und der dicke Brei oben drüber gegossen. Die

Mahlzeit bleibt in einer Plastikdose in einem Kühlschrank bis zu drei Tage lang frisch.

2. Fisch mit Reis

Die Zutaten für dieses Gericht lauten:

300 Gramm Fisch (Thunfisch, Seelachs, Pangasius, Lachs) aber unbedingt ohne Gräten
300 Gramm gekochten Reis
1 Kartoffel
1 Karotte
Kräuter nach Wahl
1 EL Kokosöl

Kochen Sie das Fischfilet, die Karotte und die Kartoffeln in einem Topf weich. Zerdrücken Sie anschließend den Fisch und die Kartoffeln mit einer Gabel. Mischen Sie die rohe und fein geraspelte Karotte unter den Fisch-Kartoffelbrei. Misch Sie nun den vorher gekochten Reis und die frische Kräuter zum Brei dazu. Wenn Sie dieses Gericht schließlich im Napf anrichten, gießen Sie noch einen Esslöffel Kokosöl dazu. Die Essensreste können für zwei Tage im Kühlschrank aufbewahrt werden.

Kapitel 7: Wie Sie Ihren Hund gesund halten

Wir alle möchten, dass unsere Hunde ein möglichst langes Leben mit möglichst wenig Beschwerden führen. Aus diesem Grund sollte die Gesundheitspflege niemals vernachlässigt und als selbstverständlich angesehen werden, insbesondere nicht bei unserer geliebten Rasse der Französischen Bulldogge. Eine weitere Herausforderung, wenn man diese Rasse besitzt, ist es, sie gesund zu halten, denn leider ist diese Rasse anfälliger für Krankheiten als die meisten anderen Rassen. Wie bereits in Kapitel 2 erwähnt, gehören sie zu den teuersten in Bezug auf die medizinischen Kosten. Bevor Sie sich also endgültig für einen Hund entscheiden, sollten Sie sich vergewissern, dass Sie bereit sind, mit dem potenziellen Stress – und im schlimmsten Fall mit dem lähmenden Herzschmerz – umzugehen, den diese Krankheiten verursachen können. Tun Sie Ihrem Hund einen Gefallen und informieren Sie sich in diesem Kapitel über die besten Möglichkeiten, sein langes und gesundes Leben zu sichern.

Häufige Gesundheitsprobleme bei Französischen Bulldoggen

Der problematischste Makel der Französischen Bulldogge ist ihre Gesundheit. Es ist einfacher, mit Sturheit und der Schwierigkeit des Trainings umzugehen, als mit ansehen zu müssen, wie Ihr Hund an Krankheiten und anderen Zuständen leidet, die manchmal zum Tode führen können.

Vorbeugen ist besser als heilen, also nehmen Sie sich, solange es noch früh ist, die Zeit, sich über die häufigen Gesundheitsleiden der Rasse zu informieren, damit Sie im Falle des Auftretens eines dieser Leiden einigermaßen vorbereitet und sachkundig sind. In diesem Abschnitt erhalten Sie eine Orientierung über die häufigen Gesundheitsprobleme, die Ihre Bulldogge betreffen könnten.

Einige der häufigen Krankheiten, die Französische Bulldoggen betreffen, sind:

- Allergien
- Hüftdysplasie
- Brachyzephales Syndrom
- Verlängerter weicher Gaumen
- Hitzeschlag
- Fehlbildungen der Wirbelsäule
- Patellaluxation
- Bandscheibenerkrankung
- Von-Willebrand-Krankheit

Allergien

Genau wie Menschen können auch Hunde allergische Reaktionen auf eine Reihe verschiedener Dinge entwickeln. Eine Allergie entsteht, wenn das Immunsystem des Hundes eine Substanz als pathogen oder gefährlich identifiziert und einen Angriff startet. Die drei Haupttypen von Allergenen können eingeatmet, verschluckt oder durch Hautkontakt in den Körper aufgenommen werden. Hunde können jederzeit Allergien entwickeln und einige Rassen sind anfälliger für Allergien als andere, wie zum Beispiel Cocker Spaniel, Terrier, Retriever, Setter und Rassen wie Möpse und Bulldoggen.

Häufige Symptome von Allergien bei Hunden sind rote oder juckende Haut, tränende Augen, vermehrtes Kratzen, Ohrentzündungen, Niesen, Erbrechen, Durchfall und geschwollene Pfoten. Einige häufige Allergene für Hunde sind Rauch, Pollen, Schimmelpilzstaub, Hautschuppen, Federn, Flöhe, Medikamente, Reinigungsmittel, bestimmte Stoffe und bestimmte Lebensmittel. Überraschenderweise verursachen Nahrungsmittelallergien eher hautbezogene Symptome wie Juckreiz und Kratzen als Verdauungssymptome. Chronische Ohrenzündungen sind ebenfalls ein häufiges Anzeichen für Nahrungsmittelallergien bei Hunden. Die beste Behandlung für Allergien ist die Vermeidung des Kontakts mit dem Allergen. Bei einigen Umweltallergenen kann Ihr Tierarzt Antihistaminika verschreiben oder Ihrem Hund eine Injektion geben, um ihn zu schützen.

Hüftdysplasie

Dieser Zustand ist genetisch bedingt und entwickelt sich durch äußere Faktoren wie übermäßiges Training in jungen Jahren und Fettleibigkeit. Im Grunde handelt es sich bei dieser Erkrankung um eine Fehlbildung der Hüftpfannen, die später zu Arthrose führt. Es handelt sich um eine schmerzhafte Erkrankung, die den Gang Ihres Hundes beeinträchtigen wird. Für erblich bedingte Erkrankungen gibt es keine Vorbeugung. Das Einzige, was Sie tun können, ist, das Fortschreiten der Krankheit zu verlangsamen. Dies können Sie tun, indem Sie die Bewegung und die körperlichen Aktivitäten Ihres Hundes überwachen und sicherstellen, dass er nur das richtige Maß bekommt, ohne die Gelenke zu schädigen (zum Beispiel verzichten Sie darauf, dass Ihr Hund springt), auf seine Ernährung achten; füttern Sie ihn nicht zu viel, um Fettleibigkeit zu vermeiden und achten Sie auf eine ausgewogene Kalziumzufuhr. Um sich die Mühe zu ersparen, sollten Sie sich von Ihrem Züchter einen Nachweis vorlegen lassen, dass die Elterntiere Ihres Hundes auf Hüftdysplasie untersucht wurden und das Ergebnis negativ war. Zur Behandlung stehen je nach Fall verschiedene Arten von Operationen zur Verfügung, aber die Kosten sind erschreckend. Stattdessen können Sie sich mit Massage und Physiotherapie begnügen.

Brachyzephales Syndrom

Dieses Syndrom tritt typischerweise bei Hunden mit flachen Gesichtern und kurzen Nasen oder einem verlängerten weichen Gaumen auf. Es ist eine schwere Atemstörung, die tödlich sein kann, wenn der Hund nicht in der Lage ist, mit der Abgabe von Kohlendioxid im Austausch gegen Sauerstoff Schritt zu halten. Dies wird durch verengte Atemwege verursacht, die stärker belastet werden, wenn der Hund übermäßig trainiert, gestresst oder zu lange in der Hitze gelassen wird. Zu den Symptomen gehören erschwerte Atmung, Erbrechen, Ersticken, Schnarchen, längeres und häufiges Hecheln. Wenn Ihr Hund eines dieser Anzeichen zeigt, bringen Sie ihn so schnell wie möglich zum Tierarzt. Viele Bulldoggen sterben, weil dieser Zustand nicht zu ernst genommen wird und allgemein als rassetypische Eigenschaft angesehen wird. Zu den Hausmitteln gehören eine ausgewogene, gesunde Ernährung, das Meiden von Hitze und zu viel Bewegung sowie die Verwendung eines Geschirrs anstelle eines Halsbandes, damit die Luftröhre nicht eingeengt wird.

Schwimmen und Fliegen in Flugzeugen sind ebenfalls strengstens verboten, da das Risiko eines sofortigen Todes extrem hoch ist. Die Behandlung hängt von der Schwere des Zustands ab (zum Beispiel kühle Temperaturen, Beruhigungsmittel, Intubation, Operation usw.).

Verlängerter weicher Gaumen

Die Anomalie des verlängerten Gaumensegels ist eine der Ursachen des Brachyzephalen Syndroms, bei dem das verlängerte Gaumensegel die Atemwege blockiert und dem Hund das Atmen erschwert. Da es sich um einen angeborenen Defekt handelt, kann er nicht verhindert werden, aber er kann durch eine Operation korrigiert werden. Die gleichen Symptome, Behandlungen und Hausmittel für das Brachyzephale Syndrom gelten auch für diesen Zustand.

Hitzeschlag

Französische Bulldoggen sind nicht dafür gebaut, Hitze, warmes und feuchtes Wetter zu ertragen. Aufgrund ihrer komprimierten Atemwege haben sie Schwierigkeiten, ihre Körpertemperatur zu regulieren, was zu einem tödlichen Hitzschlag führen kann. Es ist wichtig, Ihre Französische Bulldogge bei kühlen Temperaturen zu halten und dafür zu sorgen, dass sie jederzeit Zugang zu Wasser hat.

Halbwirbel

Dies ist eine angeborene Deformation eines oder mehrerer Rückenknochen, die normalerweise die Form eines Keils oder Dreiecks hat, wodurch sich die Wirbelsäule verdreht. Der Schweregrad dieser Erkrankung variiert und in leichten Fällen sind die Anzeichen in der Regel nicht zu erkennen. In der Zwischenzeit kann in den schlimmsten Fällen eine Kompression des Rückenmarks zu Schmerzen, Schwäche und Lähmungen führen. Da es sich um einen angeborenen Defekt handelt, gibt es außer einer verantwortungsvollen Aufzucht keine bekannte Ursache oder Vorbeugung. Eine Dekompressionsoperation ist eine mögliche Behandlung.

Patellaluxation

Patellaluxation ist nur ein schicker (wissenschaftlicher) Name für Kniescheibenverrenkung. Obwohl es ein Geburtsfehler ist, tritt die Fehlstellung erst im Erwachsenenalter auf. Sie tritt häufig bei Hunden kleiner Rassen auf und kann an einem ungleichmäßigen und ungewöhnlichen Gang erkannt werden. Wie die Hüftdysplasie ist dies eine Gelenkerkrankung, die auch zu Arthritis führen kann. Der Schweregrad reicht von leicht bis schwer. In leichten Fällen tritt die Verrenkung intermittierend auf und die Kniescheibe richtet sich von selbst wieder aus. In den schwersten Fällen ist eine Operation erforderlich.

Bandscheibenerkrankung

Unter einer Bandscheibenerkrankung versteht man das Auftreten eines Bandscheibenvorfalls in der Wirbelsäule, der auf das Rückenmark drückt. Diese Schubbewegung behindert die Nervenübertragungen entlang des Rückenmarks, was zu Lähmungen führen kann. Eine Bandscheibenerkrankung kann durch ein Trauma, das Alter oder einfach durch einen plötzlichen Stoß wie einen schweren Sturz oder einen falsch berechneten Sprung verursacht werden. Diese Krankheit ist sehr schmerzhaft und kann Ihren Hund schwach und bewegungsunwillig machen. Die medizinische Behandlung umfasst in der Regel nicht-steroidale entzündungshemmende Medikamente, die speziell für Hunde hergestellt werden, und die Unterbringung des Hundes in einem Raum, in dem er keine großen Bewegungen machen kann. Eine Operation kann nur in extremen Fällen innerhalb des ersten Tages nach der Verletzung durchgeführt werden. Die Erholungs- und Heilungsphase nach der Operation kann einige Monate dauern und erfordert ebenfalls beide medizinischen Behandlungen.

Von-Willebrand-Krankheit

Hierbei handelt es sich um eine Blutkrankheit, die viele Hunderassen betrifft und bei der es sich hauptsächlich um eine Störung der Blutgerinnung handelt. Ein Hund, der an dieser Krankheit leidet, zeigt Anzeichen einer übermäßigen und abnormalen Blutung. Zu den Symptomen gehören Nasenbluten, Zahnfleischbluten, anhaltende Blutungen während und nach Operationen sowie verstärkte Blutungen während der Brunstzeit oder nach der Geburt. Manchmal wird Blut in den Darmausscheidungen gefunden. Diese Krankheit wird normalerweise im Alter zwischen drei und fünf Jahren festgestellt. Die schlechte Nachricht ist, dass diese Krankheit unheilbar ist. Die gute Nachricht ist, dass es bereits Behandlungen gibt, die Ihrem Hund helfen, mit der Krankheit fertig zu werden, wie zum Beispiel das Vernähen und Nähen von Wunden und Bluttransfusionen vor chirurgischen Eingriffen.

Vorbeugung der Krankheit mit Impfungen

Der beste Weg, um Ihre Bulldogge gesund zu halten, ist, sie mit einer nahrhaften und ausgewogenen Ernährung zu versorgen. Außerdem müssen Sie sicherstellen, dass er eine angemessene tierärztliche Versorgung erhält und dazu gehören auch Routineimpfungen. Impfungen schützen Ihren Hund nicht vor Ernährungsmängeln oder Erbkrankheiten, aber sie können ihn vor bestimmten übertragbaren Krankheiten wie Tollwut, Staupe und Parvovirose schützen.

Die Impfungen, die Ihre Französische Bulldogge benötigt, können je nach Wohnort variieren, da bestimmte Regionen ein höheres Risiko für bestimmte Krankheiten haben. Ihr Tierarzt wird wissen, welche Impfungen Ihr Hund braucht und wann er sie braucht, aber der Impfplan in Kapitel 2 hilft Ihnen, den Überblick zu behalten, wann Ihr Hund zum Tierarzt muss.

Beachten Sie, dass die Impfstoffanforderungen von Region zu Region unterschiedlich sein können. Nur Ihr Tierarzt kann Ihnen sagen, welche Impfstoffe für die Region, in der Sie leben, am wichtigsten sind.

Kapitel 8: Die perfekten Welpeneltern

Das Spielen mit einem Französischen Bulldoggen-Welpen ist immer ein wunderbares Erlebnis, weil er wirklich eine Bindung zu Ihnen aufbauen will. Er wird höchstwahrscheinlich am liebsten die ganze Zeit bei Ihnen sein wollen, auch nachts während der Schlafenszeit.

Ihre hohe Intelligenz macht es möglich, dass sie früher als viele andere kleine Hunde verstehen, was als schlechtes Verhalten gilt. Da sie unglaublich anhänglich sind, werden sie sich die meiste Zeit in der Nähe ihrer Herrchen bzw. Frauchen aufhalten. Das bedeutet, dass Sie Ihre Französische Bulldogge häufig dabei erwischen können, wenn sie sich daneben benimmt, was es schließlich einfacher macht, ihr klarzumachen, dass sie bestimmte Verhaltensweisen und Aktivitäten vermeiden sollte.

Konsequenz zahlt sich aus

Dies wird einer der schwierigsten Aspekte sein, wenn Sie die Bezugsperson einer Französischen Bulldogge sind. Bei diesem bezaubernden kleinen Körper und seinen großen Augen werden Sie vermutlich oftmals Ausnahmen machen und ihn loben wollen, was Ihre Französische Bulldogge sich schließlich zunutze machen könnte, um Sie zu manipulieren. Wenn Sie bereit sind, Ausnahmen zu machen, wird sie aufgrund ihrer Intelligenz schnell lernen, welche liebenswerten Handlungen Sie dazu bringen, ihr gewisse Dinge zu erlauben.

Besonders im ersten Jahr sollten Sie es sich nicht leisten, für Ihren Französischen Bulldoggen-Welpen irgendwelche Ausnahmen zu machen. Er lernt alles, was er über die Welt wissen muss, von Ihnen. Bleiben Sie konsequent, um Ihren Welpen zu einem idealen Begleiter zu erziehen. Genau wie bei der Erziehung von Kindern sollten auch bei einem Hund die Regeln durchgängig gelten.

Das große Knabbern

Welpen knabbern in der Regel an praktisch allem, was sie in die Finger bekommen. Anfangs entsteht diese Angewohnheit, weil sie zahnen und das Gefühl, in etwas zu beißen, ihnen gut tut. Französischen Bulldoggen lässt sich diese schlechte Angewohnheit relativ leicht abgewöhnen, aber Sie sollten auch hierbei konsequent sein, damit Ihr Welpe versteht, wann Kauen angemessen ist und wann nicht.

In den ersten Monaten nach der Ankunft Ihres Welpen sollte dieser an einem Ort mit einer sehr begrenzten Anzahl von Dingen, auf denen er kauen kann, gesichert werden. Schauen Sie sich den Bereich in diesem Sinne genau an. Wenn etwas wie ein Gegenstand aussieht, den Ihr Welpe kauen könnte (Welpen haben keinen Bezug zu einem bestimmten Objekt, bis sie damit interagieren und das Kauen ist normalerweise die erste Interaktion, die sie ausprobieren), sollten Sie es aus dem Bereich des Welpen entfernen.

Ihr Welpe sollte keine Möglichkeit haben, aus diesem Bereich zu entkommen. Sie sollten dazu sicherstellen, dass es keine Möbel oder andere bewegliche Gegenstände gibt, die von Ihrem Welpen aus dem Weg geschoben werden könnten, um aus dem Bereich zu auszubrechen. Da Ihre Französische Bulldogge Ihre Nähe schätzt, ist die Wahrscheinlichkeit groß, dass sie versuchen wird, ihren Bereich zu verlassen und zu Ihnen zu gelangen.

Hält sich der Welpe nicht in diesem ausgewiesenen Bereich auf, so sollten Sie ihn die ganze Zeit im Auge behalten. Sie sollten ihm also möglichst niemals den Rücken zuwenden. Wenn Sie beschäftigt sind oder sich auf etwas anderes konzentrieren müssen, setzen Sie den Welpen in den dafür vorgesehenen Welpenbereich, um sicherzugehen, dass er nicht auf Dingen herumkaut, die in Reichweite sind (oder anderen Aktivitäten nachgeht, die ihm oder der Wohnung schaden könnten).

Wenn Sie Spielzeuge im ausgewiesenen Welpenbereich aufbewahren, hat Ihr Welpe auch etwas zu tun, während Sie anderweitig beschäftigt sind. Wenn es Zeit ist, außerhalb des zugewiesenen Bereichs zu spielen, sollten Sie ein oder zwei der Spielzeuge mitbringen, damit Ihr Welpe versteht, dass die anderen Gegenstände im Raum nicht zum Kauen gedacht sind.

Dies trägt dazu bei, den Lernprozess zu beschleunigen, da der Welpe bereits weiß, dass er die Spielzeuge zum Kauen benutzen kann.

Bellen Französische Bulldoggen?

Insgesamt ist die Französische Bulldogge ein ziemlich ruhiger Hund, der wie ein Schatten an seiner Bezugsperson klebt. Es wird jedoch Zeiten geben, in denen dieser wunderbare Begleiter zu bellen beginnt. Dies ist der Moment, in dem Ihre Geduld auf die Probe gestellt wird. Welpen lernen erst noch ihre Stimme kennen, daher müssen sie in der Lage sein, sich auszudrücken. Gleichzeitig wollen Sie aber nicht, dass sie zu kleinen Kläffern werden.

Das Bellen wird vor allem dann ein Problem sein, wenn Sie nicht zu Hause sind. Da die Französische Bulldogge Fremden gegenüber misstrauisch sein kann, wird sie, wenn sie aus dem Fenster schaut, Fremde wissen lassen, dass sie beobachtet werden. Das Bellen kann ebenfalls problematisch sein, wenn der Welpe jemand Neues kennenlernt und seine Freude äußert. Es ist schwierig, einer Französischen Bulldogge das Bellen abzugewöhnen, da sie dies in der Regel nur in einigen wenigen Situationen tut. Wenn Ihr Welpe dazu neigt, immer dann zu bellen, wenn er sich Aufmerksamkeit wünscht, ist es ziemlich einfach, ihm diese Angewohnheit abzugewöhnen, indem Sie ihn einfach so lange ignorieren, bis nach einigen Sekunden Ruhe herrscht. Geben Sie Ihrem Welpen erst dann Aufmerksamkeit und Liebe. Belohnen Sie die ruhigen Zeiten und ignorieren Sie den Welpen während der Phase des Bellens.

Zerstörerisches Verhalten

Zerstörerisches Verhalten ist ein Problem für alle Welpenbesitzer. Manchmal versuchen die Welpen einfach nur, Ihre Aufmerksamkeit zu bekommen und manchmal wiederum versuchen sie, sich selbst zu unterhalten, wenn Sie nicht in der Nähe sind. Was auch immer der Grund ist, Sie müssen sicherstellen, dass Ihr Welpe ein geeignetes Ventil für all seine Energie und seinen Intellekt hat.

Wenn Sie Ihren Welpen auf die Couch lassen, sollten auf allen Tischen in der Nähe der Couch keine Gegenstände liegen. Oder der Tisch sollte weit genug von der Couch entfernt sein, damit der Welpe diese

Gegenstände auf dem Tisch nicht erreichen kann. Wenn Sie Schreibutensilien, Untersetzer oder andere Gegenstände auf Oberflächen liegen lassen, die Ihr Welpe erreichen könnte, sollten Sie sich bewusst sein, dass er den Gegenstand möglicherweise als Spielzeug betrachtet.

Genau wie drinnen sollten Sie Ihren Welpen auch draußen ständig im Auge behalten, um zerstörerische Tendenzen zu unterdrücken. Wenn Sie ihm den Rücken zuwenden, wird er wahrscheinlich versuchen, Ihre Aufmerksamkeit zurückzubekommen. Wenn ihm das nicht gelingt, fängt er möglicherweise an, den Garten, die Pflanzen oder andere Gegenstände im Garten zu zerstören.

Lassen Sie Ihre Französische Bulldogge nicht alleine draußen im Garten, weder als Welpe noch als Erwachsener. Französische Bulldoggen sind keine Outdoor-Hunde und werden nicht glücklich sein, wenn sie von der Familie verbannt werden. Dies könnte sich darin äußern, dass Ihr Hund versucht, einen Ausweg aus dem Garten zu finden, nur um wieder zu Ihnen zu gelangen. Bleiben Sie während der gesamten Zeit, in der der Hund draußen ist, bei ihm.

Wenn Sie dafür sorgen, dass der Welpe zu müde ist, um etwas Unangemessenes zu tun, so wird er leichter für die Verhaltensweisen formbar, die Sie fördern möchten. Sie sollten außerdem so früh wie möglich mit dem Training beginnen, damit sich die Ausdauer des Welpen verbessert, nachdem er die Grundregeln gelernt hat.

Kapitel 9: Zusammenleben mit anderen Hunden

Französische Bulldoggen mögen es vielleicht vorziehen, mit Menschen zusammen zu sein, aber sie sind ebenso glücklich, wenn sie von anderen Hunden umgeben sind. Für eine Französische Bulldogge ist die Trennung von ihrem Menschen also leichter, wenn sie noch einen Spielgefährten daheim hat.

Vorstellen Ihres neuen Welpen

Ihr Welpe sollte dazu alle Ihre aktuellen Hunde an einem neutralen Ort kennenlernen, damit eventuelle territoriale Instinkte zu keinem Problem werden. Indem Sie Ihren Französischen Bulldoggen-Welpen und Ihren anderen Hund an einem neutralen Ort zusammenbringen, sorgen Sie dafür, dass sich alle bei der ersten Einführung wohl fühlen, da keiner der Hunde diesen Ort als den ihren betrachten.

Wenn Ihr neues Familienmitglied und der Rest des Hunderudels beginnen, sich miteinander vertraut zu machen und sich wohl zu fühlen, können Sie zusammen nach Hause gehen. Wenn sie schließlich das Haus betreten, werden sie automatisch mehr Vertrauen zueinander haben, wodurch sich Ihre derzeitigen Hunde mit dem neuen Familienmitglied wohler fühlen. Es kann aber durchaus am Anfang noch zu einigen Spannungen kommen. Aus diesem Grund ist es wichtig, die Hunde im Haus getrennt zu halten, solange Sie nicht zu Hause sind. Der Welpe sollte sich in dem für ihn vorgesehenen Bereich aufhalten. Dort kann sich Ihr Welpe leichter entspannen und sich mit der neuen Umgebung vertraut machen.

Achten Sie darauf, dass keine Sachen des anderen Hundes im Bereich des Welpen landen. Dies kann von Ihrem älteren Hund als Bedrohung seines Platzes im Rudel angesehen werden und wird unnötige Spannungen zwischen ihm und dem neuen Welpen erzeugen. Der Welpe wird wahrscheinlich auf allem und jedem im Welpenbereich herumkauen, auch auf den Dingen, die dem anderen Hund gehören. In diesem Stadium bedeutet Besitz für Ihre kleine Französische Bulldogge noch nichts. Ihr älterer Hund hingegen wird dies als Herausforderung sehen, was möglicherweise zu einem sehr aggressiven Verhalten führt. Dies gilt auch, wenn Ihr Welpe außerhalb des Welpenbereichs ist. Stellen Sie sicher, dass sich alle Sachen Ihres älteren Hundes jederzeit außerhalb der Reichweite des Welpen befinden. Bevor Sie den Welpen aus dem zugewiesenen Bereich herausnehmen, sollten Sie Ihre Wohnung ein wenig aufräumen und die Spielsachen des Hundes an einem sicheren Ort aufbewahren.

Die Essenszeit ist ein weiteres potenzielles Problem, daher sollte Ihr Welpe zumindest am Anfang an einem anderen Ort essen. Das Essen ist meist die Quelle der meisten Hundekämpfe und unnötigen Spannungen. Wenn Ihr Welpe älter wird, können Sie Schritt für Schritt damit beginnen, ihn zusammen mit Ihren anderen Hunden zu füttern, aber vorerst sollten Sie sie dabei getrennt halten.

Ihr älterer Hund wird wahrscheinlich auch nicht glücklich darüber sein, Sie mit dem Welpen zu teilen. Geben Sie ihm das Gefühl, dass er weiß, dass Sie sich auch nach der Ankunft des Welpen noch um ihn kümmern. Planen Sie Einzelstunden mit Ihrem älteren Hund ein, zum Beispiel längere Spaziergänge, zusätzliches Training oder allgemeines Spielen. Dadurch zeigen Sie ihm, dass der Welpe kein Ersatz für ihn ist. Sie sollten mit Ihrem älteren Hund einen Zeitplan einhalten, den Sie nicht ändern, nachdem der Welpe angekommen ist. Das bedeutet auch, dass Sie mit Ihrem Welpen genauso streng und konsequent sein müssen wie mit dem älteren Hund. Ansonsten kann es zu Spannungen zwischen den beiden kommen.

Es gibt eine Reihe von Vorteilen, einen Hund im Haus zu haben, der die Regeln bereits kennt. Der größte ist, dass Ihr älterer Hund damit beginnen wird, Ihren Welpen für Fehlverhalten zu schelten. Da der ältere Hund sich nicht davon beeinflussen lässt, wie niedlich der Welpe ist, wird er einen viel objektiveren Ansatz für das Training haben. Er hilft dem Welpen außerdem, besser zu verstehen, wo er im Rudel steht und welche Verhaltensweisen inakzeptabel sind.

Einer der Gründe, weshalb einige Menschen Angst davor haben, sich einen Welpen anzuschaffen, ist, weil diese sehr herausfordernd sein können. Französische Bulldoggen sind typischerweise ausgeglichen und liebenswert, aber als Welpen strotzen auch sie vor Energie. Das bedeutet, dass sie sehr ungestüm sein können und eine potenzielle Gefahr für sich selbst oder andere darstellen können. Selbst ein entspannter Welpe kann einen Kampf anzetteln, wenn er aufgeregt ist, und diese Energie kann einem anderen Hund (insbesondere älteren Hunden) wirklich auf die Nerven gehen. Es wird Zeiten geben, in denen auch Ihre Französische Bulldogge unglücklich ist. Dies kann zu Wutausbrüchen gegenüber dem anderen Hund führen. Es ist zwar kein übliches Verhalten, aber das bedeutet nicht, dass es niemals vorkommt.

Eine untrainierte Französische Bulldogge wird die Persönlichkeit des stereotypen kleinen Hundemonsters annehmen. Um dies zu vermeiden, müssen Sie wirklich früh mit dem Training Ihres Welpen beginnen. Wenn Sie sehen, dass Ihr Welpe anfängt, aggressiv zu werden (nicht nur beim Spielen), schreiten Sie sofort ein und lassen Sie ihn wissen, dass dies nicht akzeptabel ist.

Mehrere Welpen auf einmal aufziehen

Mehr als nur einen einzigen Welpen zu adoptieren ist mindestens doppelt so viel Arbeit. Sie müssen Ihre Aufmerksamkeit auf zwei oder mehr Welpen gleichzeitig aufteilen. Wenn Sie mehr als einen Französischen Bulldoggen-Welpen auf einmal aufziehen möchten, steht Ihnen eine echte Herausforderung bevor. Sie haben das gleiche Energieniveau und den gleichen Wunsch zu lernen, was bedeutet, dass sich ihr Fehlverhalten gegenseitig verstärken kann. Es wird viel mehr Energie und Arbeit erfordern, um sicherzustellen, dass sie sich so verhalten, wie Sie es wünschen.

Seien Sie darauf vorbereitet, dass Sie Ihr Privatleben, insbesondere Ihr Sozialleben, einschränken müssen, wenn Sie mehr als einen Welpen auf einmal haben. Sich um diese kleinen Welpen zu kümmern, wird wie zwei Vollzeitjobs auf einmal sein. Es ist notwendig, viel Arbeit in das Training Ihrer Welpen zu stecken, damit Ihr Zuhause nicht doppelt so schnell zerstört wird.

Zuerst müssen Sie Zeit mit ihnen verbringen, sowohl zusammen als auch getrennt. Das bedeutet, dass Sie doppelt so viel Zeit mit den Welpen verbringen müssen, um sicherzustellen, dass sie sich gut verstehen, in einem gleichmäßigen Tempo lernen und immer noch die Möglichkeit haben, Zeit mit Ihnen allein zu verbringen. Jeder Welpe hat seine eigenen Stärken und Schwächen und Sie müssen herausfinden, welche das bei jedem einzelnen sind und wie gut die Welpen zusammenarbeiten.

Sie können immer eine andere Person mit einem Welpen spielen oder trainieren lassen, während Sie das Gleiche mit dem anderen tun. Dadurch wird eine Bindung aufgebaut und die Welpen wissen, dass sie sowohl auf Sie als auch auf Ihren Trainingspartner hören müssen. Außerdem werden beide Welpen gerne beschäftigt, sodass sie nicht wimmern oder sich einsam fühlen, während Sie mit dem anderen spielen.

Es kann durchaus zu einigen Kämpfen zwischen den Welpen kommen, was vermutlich zwischen dem dritten und sechsten Lebensmonat beginnt. Sie neigen nicht dazu, so aggressiv zu sein wie viele andere Hunde, aber es ist dennoch äußerst wahrscheinlich, dass es zu kleineren Kämpfen kommen wird. Das ist in Ordnung, solange sie dabei nicht zu aggressiv vorgehen. Solange sie die Regeln verstehen und sich daran halten, sollten Kämpfe bei Ihren Welpen kein großes Problem darstellen.

Kapitel 10: Grundlegende Befehle

Es gibt so viele Tricks, die Ihr liebenswerter Welpe lernen kann, vom Apportieren bis hin zu wunderbaren Kunststücken der Beweglichkeit. All das beginnt mit dem Training mit ein paar einfachen Befehlen. Mit diesen Befehlen lernt Ihr Welpe nicht nur die grundlegendsten und notwendigsten Tricks, sondern er lernt auch, zu lernen. Sobald Ihr Welpe diese Befehle beherrscht, gibt es eine ganze Reihe von Tricks, die Sie Ihrem süßen kleinen Hund beibringen können.

Die richtige Belohnung auswählen

Einer der interessantesten Aspekte bei der Haltung einer Französischen Bulldogge ist die Bestimmung der richtigen Belohnung. Sie sollten die Leckerlis auf ein Minimum beschränken, aber das sollte bei einer Französischen Bulldogge kein Problem sein, da es so viele andere Dinge gibt, die sie motivieren können. Leckerlis können ein guter Ausgangspunkt sein, aber Sie müssen schnell zu etwas wechseln, das ein sekundärer Verstärker ist. Lob, zusätzliche Spielzeit und zusätzliche Streicheleinheiten sind alles fantastische Belohnungen für Hunde. Sich in Ruhe einen Film anzusehen und den Welpen bei Ihnen sitzen zu lassen, ist eine großartige Belohnung nach einer intensiven Trainingseinheit. Ihr Welpe hat nicht nur etwas gelernt, sondern Sie beide können sich nun entspannen und das gemeinsame Entspannen genießen.

Wenn Sie beginnen, den Respekt Ihrer Französischen Bulldogge zu gewinnen, können Sie dies für das Training Ihres Hundes nutzen. Schenken Sie Ihrem Welpen am Ende jeder Sitzung zusätzliche Aufmerksamkeit oder einen schönen Spaziergang, um zu zeigen, wie zufrieden Sie mit den erzielten Fortschritten sind.

Erfolgreiches Training

Beim Training geht es für Ihren Welpen darum, die Befehle zu lernen. Wenn Ihre Französische Bulldogge lernt, nur auf die Belohnungen zu reagieren, war das Training nicht erfolgreich.

Den Respekt Ihres Hundes zu gewinnen, ist im Allgemeinen der Schlüssel zu einem erfolgreichen Training. Während Sie und Hund zusammenarbeiten, wird er Sie respektieren (solange Sie konsequent und entschlossen bleiben). Erwarten Sie in den ersten Tagen des Trainings keinen Respekt, da Ihr Welpe noch nicht über das nötige Verständnis oder die nötige Beziehung verfügt, um zu verstehen. Glücklicherweise zeigt sich seine Intelligenz schon früh, sodass Sie leicht erkennen können, wann er anfängt, auf Sie zu reagieren und nicht nur auf die Belohnung. Dies ist der Zeitpunkt, an dem Sie damit beginnen können, zu Belohnungen zu wechseln, die Spaß machen, anstatt zu denen, die sich um Futter drehen.

Selbst am Anfang müssen Sie das Anfassen und Streicheln zu einem Teil der Belohnung machen. Auch wenn Ihr Hund nicht ganz versteht, was es ist, so wird er beginnen zu verstehen, dass Leckerlis und Streicheln beides Arten von Belohnungen sind. Dadurch wird es einfacher, von Leckerlis auf ein Belohnungssystem umzustellen, das mehr auf Aufmerksamkeit basiert. Die Assoziation, dass Streicheln und Anfassen angenehm sind, wird Ihren Welpen auch dazu ermutigen, die Spielzeit als eine großartige Belohnung zu betrachten. Unabhängig davon, wie gerne er frisst, ist es eine willkommene Belohnung, wenn er unterhalten wird und mit Ihnen spielt, da dies bedeutet, dass er nicht alleine ist oder sich langweilt.

Die Grundkommandos

Für den Welpen gibt es fünf Grundkommandos, die Sie ihm beibringen sollten. Diese Befehle sind die Grundlage für eine glückliche und angenehme Beziehung. Wenn Ihr Welpe die fünf Kommandos gelernt hat, wird der Zweck des Trainings für ihn klar sein. Das macht es viel einfacher, ihn auf die komplexeren Konzepte zu trainieren.

Sie sollten den Welpen auch in der Reihenfolge der Liste trainieren. „Sitz" ist ein Grundkommando, das alle Hunde und auch Ihre Französische

Bulldogge bereits beherrschen. Das Lehren von „Aus" und „Stop" sind beide schwierig und bekämpfen die Instinkte und Wünsche Ihres Hundes. Es wird länger dauern, sie zu lernen als die anderen Kommandos, also sollten Sie die notwendigen Werkzeuge bereits zur Hand haben, um Ihre Erfolgsaussichten zu erhöhen.

Hier sind einige grundlegende Richtlinien, die Sie beim Training beachten sollten:

- Jeder im Haushalt sollte Teil des Trainings sein, denn der Hund muss lernen, auf jeden im Haushalt zu hören, nicht nur auf eine Person.
- Wählen Sie für den Anfang einen Bereich, in dem Sie und Ihr Welpe keine Ablenkungen haben, einschließlich Lärm. Lassen Sie Ihr Telefon und andere Geräte außer Reichweite, damit Sie Ihre Aufmerksamkeit auf den Welpen richten können.
- Bleiben Sie fröhlich und begeistert vom Training. Ihr Welpe wird Ihre Begeisterung aufgreifen und sich dadurch besser konzentrieren.
- Beginnen Sie mit dem Erlernen von „Sitz", wenn Ihr Welpe etwa acht Wochen alt ist.
- Seien Sie beim Unterrichten konsequent und entschlossen.
- Bringen Sie zu den ersten Trainingseinheiten eine besondere Leckerei mit, zum Beispiel Hühnchen oder Käse.

Wenn Sie vorbereitet sind, können Sie mit der Arbeit und der Bindung zu Ihrer Französischen Bulldogge beginnen.

Sobald Sie sich mit dem speziellen Leckerli an Ihrem ruhigen Platz niedergelassen haben, beginnen Sie mit dem Training. Es ist relativ einfach, Ihrem Hund das Befolgen dieses Befehls beizubringen. Warten Sie, bis Ihr Welpe beginnt, sich hinzusetzen und sagen Sie „Sitz". Wenn Ihr Welpe mit dem Hinsetzen fertig ist, beginnen Sie, ihn dafür zu loben. Natürlich wird Ihr Welpe dadurch unglaublich aufgeregt und zappelig, daher kann es ein wenig dauern, bis er sich wieder hinsetzen will. Wenn die Zeit gekommen ist und der Welpe sich wieder hinsetzt, wiederholen Sie den Vorgang.

Es wird mehr als ein paar Sitzungen dauern, bis der Welpe Ihre Worte vollständig mit den Handlungen verbindet. Tatsächlich könnte es etwas mehr als eine Woche dauern, bis Ihr Welpe es verstanden hat. Französische Bulldoggen sind intelligent, aber in diesem Alter gibt es noch so viel zu lernen, dass es dem Welpen schwer fallen wird, sich zu konzentrieren. Kommandos sind etwas völlig Neues für ihn. Sobald Ihr Welpe jedoch Ihre Absicht verstanden hat und „Sitz" beherrscht, werden die anderen Befehle wahrscheinlich etwas leichter zu vermitteln sein.

Sobald Ihr Welpe gezeigt hat, dass er „Sitz" beherrscht, ist es an der Zeit, ihm „Platz" beizubringen.

Platz

Wiederholen Sie zum Erlernen dieses Befehls denselben Vorgang wie bei „Sitz". Warten Sie, bis der Welpe beginnt, sich hinzulegen und sagen Sie dann das Wort. Wenn der Welpe die Aktion beendet, bieten Sie die von Ihnen gewählte Belohnung an. Es wird wahrscheinlich etwas weniger Zeit in Anspruch nehmen, diesen Befehl zu lehren, nachdem Sie begonnen haben, ihn zu trainieren. Warten Sie, bis Ihr Welpe „Platz" beherrscht, bevor Sie mit „Halt" fortfahren.

Halt

Dieses Kommando wird schwieriger sein, da es nicht etwas ist, das Ihr Welpe von Natur aus tut. Stellen Sie sich darauf ein, dass es etwas länger dauert, dieses Kommando zu trainieren. Es ist auch wichtig, dass der Welpe das Kommando „Sitz" und „Platz" beherrscht und konsequent ausführt, bevor Sie mit dem Training von „Halt" beginnen.

Sagen Sie Ihrem Welpen, dass er entweder „Sitz" oder „Halt" machen soll. Halten Sie dabei Ihre Hand vor das Gesicht des Welpen. Warten Sie, bis der Welpe nicht mehr versucht, an Ihrer Hand zu lecken, bevor Sie erneut beginnen.

Wenn sich der Welpe beruhigt hat, gehen Sie einen Schritt von ihm weg. Wenn sich Ihr Welpe nicht bewegt, sagen Sie „Halt" und geben Sie ihm das Leckerli und etwas Lob für das Bleiben.

Wenn Sie Ihrem Welpen die Belohnung geben, bedeutet dies, dass der Befehl beendet ist, aber Sie müssen auch anzeigen, dass der Befehl abgeschlossen ist. Der Welpe muss lernen, so lange zu bleiben, bis Sie sagen, dass er die Stelle verlassen darf. Sobald Sie die Erlaubnis zum Verlassen des Platzes gegeben haben, geben Sie keine Leckerlis mehr.

Wiederholen Sie diese Schritte, wobei Sie nach einem erfolgreichen Kommando weitere Schritte vom Welpen weggehen. Sobald Ihr Welpe „Halt" versteht, wenn Sie sich wegbewegen, beginnen Sie mit dem Training auf „Halt", auch wenn Sie sich nicht bewegen. Wenn Sie das Gefühl haben, dass Ihr Welpe „Halt" beherrscht, beginnen Sie damit, den Welpen auf „Hier" zu trainieren.

Hier

Bevor Sie beginnen, entscheiden Sie, ob Sie für das Kommando „Hier" oder „Hier her" verwenden möchten. Sie müssen bei den Worten, die Sie verwenden, konsequent sein, also planen Sie es so, dass Sie absichtlich jedes Mal das richtige Kommando verwenden werden.

Leinen Sie den Welpen an. Sagen Sie dem Welpen, dass er bleiben (Halt) soll. Entfernen Sie sich vom Welpen. Sagen Sie den Befehl, den Sie für „Hier" verwenden werden und ziehen Sie leicht an der Leine in Ihre Richtung. Solange Sie den Begriff nicht verwendet haben, um anzuzeigen, dass das Kommando „Halt" beendet ist, wird Ihr Welpe beginnen, den Zweck Ihres neuen Kommandos zu verstehen. Wenn Sie den Begriff verwenden, um das Ende von „Halt" anzuzeigen, wird dies Ihren Welpen verwirren, da er den Befehl damit assoziiert, dass er sich frei bewegen kann.

Wiederholen Sie diese Schritte, indem Sie einen größeren Abstand zwischen Ihnen und dem Welpen aufbauen. Wenn der Welpe das Kommando verstanden zu haben scheint, nehmen Sie die Leine ab und beginnen Sie mit einem geringeren Abstand. Wenn Ihr Welpe den Befehl nicht zu verstehen scheint, geben Sie einige visuelle Hinweise darauf, was Sie wollen. Sie können zum Beispiel Ihr Bein tätscheln oder mit den Fingern schnippen. Sobald Ihr Welpe zu Ihnen rennt, bieten Sie eine Belohnung an.

Aus

Dies wird einer der schwierigsten Befehle sein, die Sie Ihrem Welpen beibringen werden, da er sowohl den Instinkten als auch den Interessen Ihres Welpen zuwiderläuft. Ihr Welpe möchte alles, was er hat, behalten, also müssen Sie ihm etwas Besseres anbieten. Es ist wichtig, dass Sie es früh trainieren, da Ihre Französische Bulldogge in den ersten Tagen sehr zerstörerisch sein wird. Sie wollen den Auslöser setzen, um den Welpen zu überzeugen, Dinge fallen zu lassen. Möglicherweise müssen Sie mit dem Lehren dieses Befehls außerhalb des Trainingsplatzes beginnen, da er einen anderen Ausgangspunkt hat.

Beginnen Sie, wenn Sie Zeit haben, sich der Lektion zu widmen. Sie müssen warten, bis der Welpe etwas im Maul hat, das er fallen lassen kann. Spielzeug ist normalerweise am besten geeignet. Bieten Sie dem Welpen ein besonderes Leckerli an. Wenn der Welpe das Spielzeug fallen lässt, sagen Sie „Aus", und übergeben Sie das Leckerli.

Dies wird einer der seltenen Fälle sein, in denen Sie ein Leckerli verwenden müssen, weil Ihr Welpe etwas Besseres braucht, um ihn zu überzeugen, das Spielzeug fallen zu lassen.

Dies ist einer der beiden Befehle, die am längsten zum Erlernen brauchen (der andere ist „Stop"). Seien Sie darauf vorbereitet, mit Ihrem Welpen geduldig zu sein. Sobald Ihr Welpe es verstanden hat, beginnen Sie damit, ihm „Aus" mit Futter beizubringen. Dies ist unglaublich wichtig, denn es könnte Ihrem Hund das Leben retten. Wenn Sie mit ihm spazieren gehen, wird er sich wahrscheinlich auf Dinge stürzen, die wie Futter aussehen und da er so niedrig am Boden liegt, wird er wahrscheinlich viele Dinge sehen, die wie Futter aussehen, lange bevor Sie es sehen. Dieses Kommando bringt sie dazu, alles fallen zu lassen, worauf sie gerade kauen, bevor sie es verschlucken.

Stop

Am Anfang können Sie auch sparsam Leckerlis verwenden, um „Stop" zu verstärken. Wenn Ihr Welpe ohne ersichtlichen Grund bellt, sagen Sie ihm „Stop" und legen Sie ein Leckerli in die Nähe. Es ist fast garantiert, dass der Hund verstummt, um an dem Leckerli zu schnuppern. Es wird nicht allzu lange dauern, bis Ihr Welpe verstanden hat, dass „Stop" kein Bellen bedeutet. Es kann jedoch eine Weile dauern, bis Ihr Welpe lernt, den Drang zum Bellen zu bekämpfen. Seien Sie geduldig mit Ihrem Welpen, denn es ist schwierig, sich etwas abzugewöhnen, was man von Natur aus tut. Wie lange haben Sie gebraucht, um zu lernen, morgens früh aufzustehen oder zu einer bestimmten Zeit ins Bett zu gehen? Für eine Französische Bulldogge ist es ähnlich, zu lernen, nicht zu bellen.

Wie geht es weiter?

Dies sind alle grundlegenden Befehle, die Sie wahrscheinlich für Ihre Französische Bulldogge benötigen. Wenn Sie jedoch wollen, dass Ihr Hund Tricks macht, gibt es viele weitere Möglichkeiten, ihm diese anzutrainieren. Doch zunächst sollte er die Grundkommandos beherrschen. Stellen Sie nur sicher, dass die Tricks, die Sie Ihrem Welpen beibringen, nicht zu anstrengend für ihn sind. Wenn Ihr Welpe erwachsen wird, können Sie damit beginnen, ihm Tricks beizubringen, die seine Agilität unterstreichen. Apportieren und andere interaktive Tricks sind ideal, denn Ihre Französische Bulldogge wird sie gerne ausführen.

Kapitel 11: Erziehung und Training

Das Training von Hunden ist wie die Erziehung von Kindern. Beides ist schwierig und wird Ihre Geduld mit Sicherheit manchmal auf die Probe stellen. Für diese Rasse gilt das umso mehr, weil sie von Natur aus hartnäckig und ungehorsam sind. Französische Bulldoggen sind so liebenswert und unwiderstehlich, dass man oft versucht ist, sie einfach mit ihrem Vergehen davonkommen zu lassen. Wenn Sie von Natur aus ein Spielverderber sind und es Ihnen nichts ausmacht, immer wiederkehrendes Fehlverhalten zu dulden, dann sollten Sie ihnen auf jeden Fall nachsichtig sein. Aber wenn Sie einen gut erzogenen Hund haben wollen, ist Training ein Muss. In diesem Kapitel erfahren Sie, wie Sie Ihren Welpen stubenrein machen und sozialisieren. Tipps für das Training und das Erlernen von Tricks sind ebenfalls in diesem Abschnitt enthalten.

Sozialisierung Ihres neuen Französischen Bulldoggen-Welpen

Die ersten drei Lebensmonate sind die Zeit, in der Ihr Welpe am meisten geprägt wird. In dieser Zeit müssen Sie ihn sozialisieren, denn die Erfahrungen, die er als Welpe macht, werden die Art und Weise prägen, wie er als Erwachsener mit der Welt interagiert. Französische Bulldoggen sind in der Regel soziale Wesen, aber wenn Sie sie nicht richtig sozialisieren, könnten sie zu einem schlecht angepassten Erwachsenen heranwachsen, der Angst vor neuen Erfahrungen hat. Glücklicherweise ist die Sozialisierung sehr einfach – alles, was Sie tun müssen, ist sicherzustellen, dass Ihr Welpe viele neue Erfahrungen macht. Im Folgenden finden Sie eine Liste von Dingen, denen Sie Ihren Welpen aussetzen sollten, um ihn richtig zu sozialisieren:

- Stellen Sie Ihren Welpen Freunden in Ihrem eigenen Zuhause vor.
- Laden Sie Freunde mit Hunden oder Welpen ein, Ihre Französische Bulldogge kennenzulernen (stellen Sie sicher, dass alle geimpft sind).

- Machen Sie Ihren Welpen mit Menschen unterschiedlicher Größe, Körperform, Geschlecht und Hautfarbe bekannt.
- Stellen Sie Ihren Welpen Kindern unterschiedlichen Alters vor – stellen Sie nur sicher, dass sie wissen, wie sie den Welpen sicher handhaben können.
- Nehmen Sie Ihren Welpen im Auto mit, wenn Sie Besorgungen machen.
- Gehen Sie mit Ihrem Welpen an so vielen Orten wie möglich spazieren, damit er verschiedene Oberflächen und Umgebungen kennenlernt.
- Setzen Sie Ihren Welpen dem Wasser aus Schläuchen, Sprinklern, Duschen usw. aus. Achten Sie darauf, dass Sie Ihren Welpen unter Kontrolle haben, wenn Sie ihn an Wasserstellen heranführen, in denen er ertrinken könnte.
- Stellen Sie sicher, dass Ihr Welpe laute Geräusche wie Feuerwerk, Autos mit Fehlzündungen, laute Musik, Donner usw. erlebt.
- Führen Sie Ihren Welpen an verschiedene Geräte und Werkzeuge wie Mixer, Rasenmäher, Staubsauger usw. heran.
- Gehen Sie mit Ihrem Welpen mit verschiedenen Arten von Geschirren und Leinen spazieren.
- Sobald er alt genug ist, gehen Sie mit Ihrem Welpen in den Hundepark bzw. an den Hundestrand, damit er mit anderen Hunden interagieren kann.

Positive Verstärkung für Gehorsamkeitstraining

Einen Hund zu trainieren ist nicht so schwierig, wie viele Leute denken – es hat alles mit der Belohnung zu tun. Denken Sie darüber nach – wenn Sie möchten, dass jemand etwas für Sie tut, bieten Sie ihm wahrscheinlich etwas als Gegenleistung an. Das gleiche Konzept gilt für das Hundetraining – wenn Sie Ihren Hund für ein bestimmtes Verhalten belohnen, wird er es in Zukunft mit größerer Wahrscheinlichkeit wiederholen. Dies wird als positives Verstärkungstraining bezeichnet und ist eine der einfachsten und dennoch effektivsten Trainingsmethoden, die Sie als Hundebesitzer anwenden können.

Der Schlüssel zum Erfolg beim Hundetraining ist zweierlei. Zum einen müssen Sie sicherstellen, dass Ihr Hund versteht, was Sie von ihm verlangen. Wenn er nicht weiß, was ein Befehl bedeutet, spielt es keine

Rolle, wie oft Sie diesen Befehl aussprechen, er wird nicht richtig reagieren. Um Ihrem Hund beizubringen, was ein Befehl bedeutet, sollten Sie ihn aussprechen und ihn dann anleiten, das Verhalten auszuführen. Sobald er es tut, geben Sie ihm sofort ein Leckerli und loben ihn – je eher Sie ihn belohnen, nachdem er das gewünschte Verhalten erkannt hat, desto schneller wird Ihr Welpe lernen.

Der zweite Schlüssel zum Erfolg beim Hundetraining ist Konsequenz. Während Ihr Welpe die grundlegenden Gehorsamsbefehle lernt, müssen Sie jedes Mal die gleichen Befehle verwenden und ihn konsequent belohnen. Wenn Sie konsequent bleiben, braucht Ihr Welpe nur ein paar Wiederholungen, um zu lernen, was Sie von ihm erwarten. Sie können dann zu einem anderen Befehl übergehen und zwischen ihnen abwechseln, um das Verständnis Ihres Welpen zu verstärken. Achten Sie nur darauf, die Trainingseinheiten kurz zu halten – etwa fünf bis zehn Minuten –, da Französische Bulldoggen eine kurze Aufmerksamkeitsspanne haben und er sich wahrscheinlich langweilt oder das Interesse verliert, wenn Sie die Zeit verlängern. Sie können kurze, aber häufige Trainingseinheiten über den Tag verteilen.

Negative Konsequenzen für das Respekttraining

Für einen gut erzogenen Hund, der Ihnen nicht nur folgt, wenn Sie ihn bitten, etwas zu tun, sondern der Ihnen auch gehorcht, wenn Sie ihn auffordern, unerwünschte Handlungen zu unterlassen, müssen Sie sich seinen Respekt verdienen. Daher ist positive Verstärkung kein ausreichendes Training, weil es Ihrem Hund nicht beibringt, Sie zu respektieren. Wenn Ihr Hund nicht in der Stimmung für ein Leckerli ist, wird er sich einfach dafür entscheiden, nicht auf Ihren Befehl zu hören. Wie bereits in diesem Buch festgestellt, sind Französische Bulldoggen eine sture Rasse, und wenn man ihnen vorgaukelt, dass sie mit allem davonkommen, können sie manipulativ werden. Als ihr Anführer dürfen Sie sie niemals in dem Glauben lassen, dass Sie ihr Gefolgsmann sind, sonst werden Sie Probleme haben, sie dazu zu bringen, auf Sie zu hören und Ihnen zu gehorchen. Daher ist das Training von Respekt ein Muss. Sie müssen Regeln aufstellen, damit er weiß, dass Sie in der Lage sind, sein Anführer zu sein.

Wenn er sich daneben benimmt, müssen Sie ihm „Nein“ oder „Stopp“ sagen. Sie müssen konsequent, aber sehr sanft sein. Verletzen Sie Ihre Französische Bulldogge niemals, schimpfen Sie nicht mit ihr und schreien Sie sie nicht an, denn Bestrafung funktioniert bei ihnen nicht. Es verletzt nur ihre sensiblen Gefühle und wird sie dazu bringen, zu schmollen und Trübsal zu blasen. Die gute Nachricht ist, dass Französische Bulldoggen im Allgemeinen sehr menschenfreundlich sind. Wenn sie also (sanft, aber bestimmt) zurechtgewiesen werden, werden sie das Fehlverhalten höchstwahrscheinlich nicht wiederholen wollen. Denken Sie daran: Konsequenz ist der Schlüssel zum erfolgreichen Training.

Kistentraining – Stubenreinheit für Ihren Welpen

Neben dem Gehorsamkeitstraining ist das Stubenreinheitstraining für Welpen sehr wichtig. Schließlich wollen Sie nicht das ganze Leben Ihres Hundes damit verbringen, ihm mit einem Kotbeutel hinterher zu laufen. Eine Französische Bulldogge stubenrein zu machen, ist keine leichte Aufgabe. Sparen Sie sich Ihre Geduld dafür auf. Der Schlüssel zur Stubenreinheit liegt in der angemessenen Nutzung der Welpenkiste. Wenn Sie in der Lage sind, Ihren Welpen zu beobachten, halten Sie ihn immer im selben Raum mit Ihnen und zeigen Sie etwa alle 60 Minuten auf die Toilette in seinem speziellen Bereich, um ihm die Möglichkeit zu geben, sein Geschäft zu erledigen. Führen Sie ihn immer zur Toilette und geben Sie ihm ein Kommando wie „Geh Pipi", damit er lernt, was von ihm erwartet wird, wenn Sie ihn in diesen Bereich bringen. Wenn er diese Aufgabe erfolgreich erledigt hat, sollten Sie ihn belohnen.

Wenn Sie Ihren Welpen nicht beaufsichtigen können, beispielsweise über Nacht, sollten Sie ihn in seiner Kiste einsperren. Die Kiste sollte gerade so groß sein, dass Ihr Welpe darin aufstehen, sich hinsetzen, umdrehen und hinlegen kann. Wenn Sie diese Größe beibehalten, stellen Sie sicher, dass er die Kiste als seine Höhle ansieht und sie nur ungern verschmutzt. Achten Sie nur darauf, dass Sie Ihren Welpen nicht länger in der Kiste lassen, als er körperlich in der Lage ist, seine Blase zu halten. Führen Sie Ihren Welpen immer aus, bevor er in die Kiste geht und sofort nachdem Sie ihn freigelassen haben.

Wenn Sie Ihrem Welpen ausreichend Gelegenheit geben, sein Geschäft in der Toilette zu verrichten, ihn konsequent belohnen und ihn in der

Kiste halten, wenn Sie ihn nicht beobachten können, sollte das Stubentraining schließlich erfolgreich sein. Allerdings hängt die Dauer des Trainings auch vom Grad der Hartnäckigkeit Ihrer Französischen Bulldogge ab. Auch hier sind Konsequenz und positive Verstärkung – ganz zu schweigen von Geduld – entscheidend. Belohnen und loben Sie Ihren Welpen immer, wenn er sein Geschäft in der Toilette verrichtet, damit er lernt, es auf diese Weise zu tun. Wenn Ihr Welpe einen Unfall hat, bestrafen Sie ihn nicht, denn er wird es nicht verstehen – er wird die Bestrafung nicht mit dem Verbrechen in Verbindung bringen und stattdessen lernen, Sie zu fürchten – und außerdem, wie im vorherigen Abschnitt erwähnt, reagieren Französische Bulldoggen sehr empfindlich auf Schimpfen oder negative Kritik. Im nächsten Kapitel gehe ich noch etwas genauer auf das Stubentraining ein.

Tricks lehren und Spiele spielen

Eine lohnende Art, eine Bindung aufzubauen und viel Zeit mit Ihrer Französischen Bulldogge zu verbringen, ist es, Spielzeit mit dem Erlernen von Tricks einzubauen, die sicher mit viel Spaß und Freude gefüllt sein wird. Spiele sind auch die ideale Übung für Ihre Französische Bulldogge, weil sie weniger anstrengend und sicherer sind. Beim Erlernen von Tricks sollte nur positive Verstärkung angewendet werden. Bestrafen Sie Ihren Hund niemals dafür, dass er den Trick nicht ausführen kann.

Apportieren – Ihrem Hund beizubringen, wie man apportiert, ist wahrscheinlich der nützlichste Trick, den er lernen kann. Sie können ihm beibringen, dass, wenn Sie zu faul sind, etwas zu holen, er es für Sie holen kann. Und es ist ein unterhaltsames Spiel für ihn, das ihm als tägliche Übung dient. Sie sollten mit Gegenständen beginnen, die ihn reizen, wie zum Beispiel ein Ball, ein Kauspielzeug oder ein Knochen. Achten Sie darauf, dass Sie den Gegenstand, den er apportieren soll, richtig und wiederholt kennzeichnen, bevor Sie ihn werfen und wenn er ihn zurückbringt, geben Sie ihm eine Belohnung. Wenn sich sein Wortschatz erweitert, können Sie ein Spiel daraus machen, indem Sie ihn bitten, den Gegenstand unter vielen anderen Gegenständen am gleichen Ort zu identifizieren. Immer wenn er es richtig macht, wäre es eine gute Idee, den Preis zur Motivation zu erhöhen.

Verstecken – Verwenden Sie die Wörter und Gegenstände, die er bereits kennt, aber anstatt ihn aufzufordern, sie zu holen, bringen Sie ihm bei, wie man sie versteckt und wie man sie suchen muss. Französische Bulldoggen werden dieses Spiel lieben, da sie gerne Dinge verstecken und später wieder ausgraben. Belohnen Sie ihn für jedes versteckte und gefundene Objekt.

Hingehen – Dies ist auch ein guter Trick für die Disziplin, der verwendet werden kann, um ihm beizubringen, wie er ins Bett oder auf seine Toilette geht, um seine Blase oder seinen Darm zu entleeren. Ähnlich wie bei dem Kommando „Holen“ müssen Sie nur auf den Ort zeigen und ihn richtig und wiederholt benennen. Wenn er es richtig macht, geben Sie eine Belohnung.

Problemverhalten beenden, bevor es beginnt

Sie können bei Ihrem neuen, untrainierten Welpen mit Problemverhalten rechnen. Deshalb sollten Sie es von Anfang an in den Griff bekommen. Es liegt in Ihrer Verantwortung, ihm zu zeigen, was in Ordnung ist und was nicht. Wenn Sie ihn nicht richtig disziplinieren, wird er sein schlechtes Verhalten fortsetzen, wenn er älter wird, und er wird nicht verstehen, warum Sie sauer auf ihn sind, wenn er etwas Schlechtes tut. Ihren Hund ohne Grund zu disziplinieren ist grenzwertig missbräuchlich, verwirrend und einschüchternd für ihn.

Wenn Ihr Französischer Bulldoggen-Welpe plötzlich bedrohlich wird, wenn er größer ist, wird er auch die Idee in seinem schönen Kopf haben, dass er das Alphatier ist. Für ihn bedeutet dies, dass er Ihnen nicht zu gehorchen braucht. Es wird auch nicht seine Schuld sein, sondern Ihre, weil Sie es versäumt haben, sich als Alphatier über ihn zu etablieren.

Nehmen wir an, Sie haben keinen Welpen bekommen, sondern einen älteren, untrainierten Hund aus dem Tierheim. Er strotzt vor problematischen Verhaltensweisen. Gut für Sie, dass Sie ihn gerettet haben. Noch besser für Sie ist, dass es noch nicht zu spät ist, die Dominanz zu etablieren und ihm ein „Nein“ beizubringen.

Viele Tierhalter machen den Fehler, zu leicht oder zu hart zu ihren Hunden zu sein. Harte körperliche Disziplin ist in der Regel nie notwendig. Und Ihren Hund zu verwöhnen und problematische Verhaltensweisen zu ignorieren, ist keine gute Idee. Sie müssen ein Gleichgewicht finden, indem Sie sanft, aber bestimmt vorgehen, um eine Harmonie zwischen ihm und Ihnen als dem Alphatier herzustellen.

Wenn Sie etwas nicht mögen, können Sie Nein sagen. Sie haben das letzte Wort darüber, was Ihr Hund tun darf und was nicht. Haben Sie keine Angst davor, das Alphatier zu sein und ihm gegenüber herrisch zu werden. Er muss auf Sie hören und das war's.

Alle domestizierten Hunderassen sehnen sich nach Ihrem Training und der Etablierung des Alphatiers. Einige Hunde sind leichter zu trainieren als andere. Andere Hunde sind hartnäckiger. Seien Sie einfach geduldig und beharrlich bei Ihrem Training. Nur so können Sie Ihre Französische Bulldogge dazu bringen, zu erkennen, was Sie wollen.

Seien Sie außerdem konsequent. Es wird Ihnen nicht gelingen, Ihrem Welpen oder älteren Hund problematische Verhaltensweisen abzugewöhnen, wenn Sie ihn manchmal disziplinieren und manchmal ignorieren.

Vermeiden Sie es, ihn für Dinge zu disziplinieren, die er vor langer Zeit getan hat. Er wird sich nicht daran erinnern. Vermeiden Sie auch, ihn innerhalb von zehn Minuten nach der Disziplinierung zu loben oder ihm Leckereien zu geben, da Sie sonst widersprüchliche Botschaften senden. Sie möchten ihn vielleicht verhätscheln und trösten, wenn er sich zusammenkauert und schmollt, nachdem Sie Nein gesagt haben, weil er ein süßer kleiner Welpe ist, aber geben Sie dieser Versuchung nicht nach. Das Wichtigste ist, dass Sie bei Ihrem Training immer sehr hart und konsequent sind.

Entmutigen Sie immer schlechtes Verhalten und belohnen Sie gutes Verhalten.

Richtige Disziplin

Es gibt ein paar Formen der richtigen Disziplin, die Sie bei Ihrer Französischen Bulldogge anwenden sollten:

- *Dominanztraining:* Wenn Ihr Welpe sich Ihnen gegenüber aggressiv verhält oder sich weigert, Ihnen zu gehorchen, zeigen Sie ihm mit Dominanztraining, wer der Boss ist. Sie müssen nicht aggressiv oder gemein sein, um die Dominanz zu etablieren. So geht's: Fassen Sie ihn mit einer Hand am Fell und mit der anderen an der Schnauze. Stellen Sie sich über ihn und halten Sie seinen Kopf nach unten. Wenn er schließlich seinen Körper wieder aufrichtet oder zu Ihnen aufschaut, bedeutet das, dass er sich unterwirft. Lassen Sie los und loben Sie ihn. Ziehen Sie einfach fest an der losen Haut um seinen Hals, um Dominanz zu zeigen, ohne ihm dabei irgendwelche Schmerzen zuzufügen.
- *Nein-Sagen:* Ein lautes und festes „Nein" kann Wunder bewirken, um Ihre Französische Bulldogge zu trainieren, kein böser Hund zu sein. Wenn Sie das Alphatier sind, wird Ihre Stimme Ihren Hund zum Gehorsam zwingen. Er respektiert Sie, indem er auf Ihr Kommando hört und sich danach sehnt.
- *Auszeit:* Sie können Ihren Hund wegschicken, indem Sie ihn gelegentlich in eine Auszeit setzen. Dies ist eine wirkungsvolle und sinnvolle Bestrafung, also missbrauchen Sie sie nicht. Suchen Sie sich einen langweiligen Ort, an dem es ruhig ist, wie beispielsweise die Waschküche, die Veranda oder draußen, wenn dort nichts los ist. Wenn Ihr Hund etwas tut, was er nicht tun darf, sagen Sie ihm einfach „Auszeit" und bringen Sie ihn an den Auszeitplatz. Binden Sie Ihren Hund an einer gekürzten Leine so lange an, bis er sich bequem hinlegen oder hinsetzen kann, ohne dass er sich verletzen oder schlimmer noch ersticken kann. Lassen Sie ihn dort für etwa fünf Minuten allein. Wenn er sich schließlich beruhigt hat, lassen Sie ihn frei.
- *Gutes Verhalten:* Trainieren Sie Ihrer Französischen Bulldogge gute Verhaltensweisen an. Wir werden dies gemeinsam in den kommenden Abschnitten dieses Kapitels eingehend behandeln. Aber grundsätzlich wollen Sie ihr gute Verhaltensweisen beibringen, um schlechte Verhaltensweisen zu ersetzen. Belohnen Sie alle guten Verhaltensweisen. Wenn sie jedoch ein schlechtes Verhalten zeigt, sagen Sie ihr „Nein" und befehlen Sie ihr, das gute Verhalten auszuführen. Ein gutes Beispiel dafür ist, wenn Ihr Hund bellt. Bringen Sie ihm das Kommando „Ruhe" bei und erwarten Sie, dass er gehorcht. Belohnen Sie ihn, wenn er es tut.

Sie wollen ihm zeigen, wie er sich verhalten soll und das Lehren guter Verhaltensweisen ist eine gute Möglichkeit, dies zu tun.

Kein Anspringen

Hunde neigen dazu, Menschen, die sie lieben, als eine Form der Begrüßung anzuspringen, besonders Sie. Sie wollen damit ihre Liebe zu Ihnen ausdrücken, sie freuen sich, dass Sie wieder in Sichtweite sind und möchten am liebsten gestreichelt werden. Springen ist ihre Art zu sagen „Schau mich an!". Während dies bei einem kleinen Hund, wie einer Französischen Bulldogge, oder einem Welpen niedlich sein mag, kann es lästig werden, wenn er über 10 Kilo schwer wird. Es kann Gäste stören und ihnen Unbehagen bereiten sowie möglicherweise Ihre Familientreffen auf negative Weise stören, Ihr Kleid oder Ihre Hose schmutzig machen und Sie aus dem Gleichgewicht bringen, wenn sie Sie auf ihren Hinterbeinen begrüßen, Sie zum Umfallen bringen oder Ihre Einkäufe fallen lassen, wenn Sie durch die Tür kommen. Das kommt vor. Deshalb sollten Sie, egal wie groß Ihr Hund ist, damit beginnen, ihm beizubringen, dass es kein höfliches Verhalten ist, auf Menschen zu springen.

Beginnen Sie damit, „Aus" zu sagen, wenn Ihr Hund auf Sie springt. Verlassen Sie dann den Raum. Gehen Sie ein paar Sekunden später wieder hinein und wiederholen Sie dies bei Bedarf. Er wird es nicht mögen, dass Sie gehen, wenn er Sie anspringt.

Sobald Ihr Hund aufhört, Sie anzuspringen, belohnen Sie ihn mit viel warmer und kuscheliger Aufmerksamkeit. Beugen Sie sich auf seine Höhe hinunter, um ihn zu streicheln. Zeigen Sie ihm, dass er keine Aufmerksamkeit einfordern muss, indem er auf Sie springt, denn Sie werden sie ihm auf seiner Höhe geben, wenn Sie bereit sind.

Wenn Ihr Hund trotz Ihrer Bemühungen, ihn zu trainieren, nicht aufhört, auf Menschen zu springen, oder wenn er andere aufmerksamkeitssuchende Verhaltensweisen an den Tag legt, wie zum Beispiel das ständige Beinhüpfen, dann können Sie die Auszeitmethode anwenden. Entfernen Sie ihn einfach aus dem Raum und binden Sie ihn für ein paar Minuten an, wenn er springt, buckelt oder das tut, was Sie nicht mögen. Verwenden Sie dies natürlich nur als letzten Ausweg.

Schließlich sollte er, wenn er gut trainiert ist, sofort jedem Ihrer Befehle gehorchen.

Kein Kauen

Kauen ist ein natürliches Verhalten, das alle Hunde an den Tag legen. Das Kauen hilft Ihrem Hund, seine Zähne gesund zu halten. Welpen, die zahnen, neigen besonders dazu, auf allem und jedem zu kauen, was sie in die Finger bekommen.

Es ist wichtig, Ihrem Hund sichere und gesunde Hundeknochen und Kauspielzeug zu geben, um sein Maul und seinen Geist etwas zu beschäftigen, wenn ihm sonst langweilig ist.

Wenn Sie Ihren Hund dabei erwischen, wie er zum Beispiel auf Ihrem neuen Schuh herumkaut, entfernen Sie ihn sofort und machen Sie ihm klar, dass er das nicht darf. Ersetzen Sie den Schuh durch ein Spielzeug oder einen Knochen.

Kein Graben

Viele Hunde graben. Einige Hunde tun dies, weil sie speziell zum Graben nach Beute gezüchtet wurden. Andere Rassen, wie Huskies, tun dies, um eine kühle Höhle zu schaffen, in der sie sich hinlegen und abkühlen können. Wieder andere tun es aus Langeweile. Weiche Erde und Sand üben auf Hunde einen besonderen Reiz aus, der nur schwer zu durchbrechen ist.

Um das Graben zu verhindern, sollten Sie Ihrer Französischen Bulldogge beibringen, nur an bestimmten Stellen zu graben. Wenn möglich, schaffen Sie ihr einen speziellen Platz, an dem es Ihnen nichts ausmacht, wenn sie dort gräbt. Vergraben Sie Spielzeug oder Knochen in der Erde und lassen Sie sie danach graben. Die meisten Hunde lieben diese Aktivität.

Sie können auch eine Dose mit Münzen, Flaschendeckeln oder anderem Gerümpel füllen. Verstecken Sie sich und beobachten Sie Ihren Hund. In dem Moment, in dem er anfängt zu graben, schlagen Sie auf die Dose, um ihn zu erschrecken. Bald wird er eine Assoziation zwischen dem Graben und dem unangenehmen Geräusch der geschüttelten Dose herstellen, so dass er nicht mehr so sehr zum Graben neigt.

Übermäßiges Bellen vermeiden

Der Schlüssel, um Ihrem Hund beizubringen, nicht zu bellen, ist Prävention. Sie möchten ihm beibringen, dass er nicht sofort bellt, wenn irgendetwas passiert oder wenn er aufgeregt ist, Sie zu sehen oder wenn er Angst hat oder einfach neugierig auf ein entferntes Geräusch ist. Wenn er sich langweilt oder frustriert ist, sollten Sie ihm beibringen, seine Gedanken umzulenken und sich mit einer anderen Aktivität zu beschäftigen, die wir oben besprochen haben, anstatt einfach nur dazustehen und ohne angemessenen Grund zu bellen und damit Sie und Ihre Nachbarn verrückt zu machen.

Sie wissen, dass ein Hund von Natur aus bellt. Es ist seine Reaktion auf eine Vielzahl von Dingen. Wenn er bellt, kann er Sie auf eine mögliche Gefahr aufmerksam machen. Er kann andere Tiere oder Hunde warnen, sich fernzuhalten. Vielleicht bellt er, um sein Territorium zu markieren oder um Sie zu begrüßen und seine Aufregung auszudrücken, wenn er zum Spielen geht. Oder er langweilt sich und das Bellen scheint ihm ein lustiger Zeitvertreib zu sein.

Prävention zu Hause mit einem Clicker

Der erste Schritt, um Ihrem Hund beizubringen, nicht zu bellen, besteht darin, ihn zur Ruhe zu bringen. Das Kommando „Ruhe" ist eine gute Möglichkeit, das Bellen zu verhindern, wenn Sie zu Hause sind. Sobald er anfängt zu bellen, sagen Sie ihm „Ruhe". Halten Sie ihm ein Leckerli vor die Nase. Wenn er ruhig wird, um daran zu schnuppern, klicken Sie mit Ihrem Clicker und bieten Sie ihm das Leckerli als Belohnung an. Wiederholen Sie dies und belohnen Sie ihn für alle paar Sekunden, die er ruhig ist. Er wird lernen, dass leise sein Leckerli bedeutet. Belohnen Sie ihn in Zukunft immer dann, wenn er leise ist, nachdem sich ein Auslöser ergeben hat. Er wird bald lernen, auf Ihr Kommando zu hören und ruhig zu bleiben. Und schließlich wird die Gewohnheit, ruhig zu sein, Vorrang vor dem Bellen haben.

Wenn er sich weigert, auf Ihr Kommando zu hören, müssen Sie aktiv etwas unternehmen, um ihn vom Bellen abzuhalten. Versuchen Sie, den Reiz zu blockieren, der ihn aufregt. Verwenden Sie auch den Ansatz der Auszeit, um ihn für eine Weile aus dem Reiz herauszunehmen und ihm beizubringen, dass Bellen gleichbedeutend damit ist, allein angebunden zu sein, wo er nicht alles beobachten und erkunden kann, was vor sich geht.

Prävention außer Haus

Wenn Sie außer Haus sind und Ihre Französische Bulldogge nicht mitgenommen haben, können Sie natürlich nicht klicken und Ihren Hund belohnen, wenn er ruhig ist. Sie möchten einige Schritte unternehmen, um sein Bellen zu verhindern, wenn Sie nicht in der Nähe sind.

Versuchen Sie zunächst, so viele Reize wie möglich zu entfernen. Wenn Ihr Hund zum Beispiel gerne den Postboten anbellt, sollten Sie die Vorhänge schließen, damit er die Straße nicht sehen kann.

Verwenden Sie ein Citronella-Halsband als humane Methode, um ihn darauf zu konditionieren, Bellen mit dem unangenehmen Geruch von Citronella zu assoziieren, den Hunde hassen. Dieses Halsband ist dazu da, um ihn zu besprühen, wenn er bellt. Er wird sehr schnell lernen, ruhig zu sein.

Mehr Vorbeugung gegen Bellen, wenn Sie zusammen unterwegs sind

Sie können Ihrer Französischen Bulldogge beibringen, nicht mehr so verrückt zu bellen, wenn Sie mit ihr spazieren gehen oder mit dem Auto herumfahren.

Beginnen Sie damit, Ihrem Hund zu Hause das Kommando „Hier" beizubringen. Halten Sie ihm ein Leckerli vor die Nase und sagen Sie: „Hier". Wenn er das Leckerli ansieht, klicken Sie und bieten Sie ihm das Leckerli an. Wiederholen Sie dies zehn bis 15 Mal, damit es zu einer neuen positiven Gewohnheit wird. Erhöhen Sie dann die Wartezeit auf zwei oder drei Sekunden, damit er das Leckerli ansieht, und wiederholen Sie dies ein Dutzend Mal. Beginnen Sie schließlich damit, ein „Schein-

Leckerli" an Ihre Nase zu halten, um ihm beizubringen, dass diese Geste „Hier" bedeutet. Erhöhen Sie die Zeiten weiter bis zu 15 Sekunden.

Bevor Sie in die Öffentlichkeit gehen, beginnen Sie damit, dieses Kommando außerhalb Ihres Hauses zu üben. Halten Sie ihn weiterhin von Reizen fern, die ihn zum Bellen bringen. Lassen Sie ihn 15 Sekunden lang zu Ihnen schauen, bevor er einen Klick und ein Leckerli erhält.

Versuchen Sie nun, in der Öffentlichkeit „Hier" zu sagen, um seine Aufmerksamkeit von dem abzulenken, weswegen er gerade bellt. Versuchen Sie, das Leckerli an Ihre Nase zu halten, um ihm beizubringen, dass diese Geste bedeutet, dass er Sie beobachten soll. Wenn er Sie ansieht, bieten Sie ihm ein Leckerli an. Bald wird er lernen, Sie anzuschauen und aufhören zu bellen, wenn Sie zusammen unterwegs sind.

Sie können diesen Befehl auch ausprobieren, wenn Ihr Hund auf einen bestimmten Reiz hin bellt. Wenn er bellt, halten Sie das vorgetäuschte Leckerli an Ihre Nase und verwenden Sie das Kommando „Hier", bis er aufhört zu bellen. Bringen Sie ihm bei, seine Aufmerksamkeit jedes Mal von seinem bellenden Katalysator umzulenken.

Vorbeugung, wenn Ihr Hund sich langweilt

Die beste Möglichkeit, das Bellen aus Langeweile zu unterbinden, ist, Ihren Hund davon abzuhalten, sich zu langweilen. Sie wollen ihm beibringen, sich mit Spielzeug, Leckerlis und körperlicher Aktivität zu beschäftigen. Bieten Sie Ihrem Hund mindestens 30 Minuten Bewegung pro Tag. Spielen Sie geistig anregende Spiele mit ihm. Wenn er längere Zeit ohne Sie im Garten oder im Haus sein muss, bieten Sie ihm Dinge an, die ihn beschäftigen, zum Beispiel vergrabene Leckerlis.

Nicht beißen

Von klein auf müssen Sie Ihrem Französischen Bulldoggen-Welpen beibringen, dass es nicht in Ordnung ist, wenn er in Ihre Hände oder Ihren Körper und den Körper anderer Menschen beißt. Das können Sie tun, indem Sie immer mit ihm spielen, während er ein Kauspielzeug in den Händen hält. Zeigen Sie ihm, dass es in Ordnung ist, in das

Kauspielzeug zu beißen, indem Sie nicht darauf reagieren, wenn er es tut. Wenn er in Ihre Hand beißt, sagen Sie „Autsch" und gehen Sie weg. Er wird enttäuscht sein, dass die Spielzeit vorbei ist und er wird lernen, Sie nicht zu beißen, wenn er das Spiel mit Ihnen genießen möchte.

Wenn er durch das Weggehen nicht lernt, nicht zu beißen, müssen Sie ihn zurückhalten, damit er das Beißen mit einer Auszeit in Verbindung bringt. Sagen Sie „Auszeit", wenn er beißt und bringen Sie ihn in seinen Auszeitbereich. Binden Sie ihn für fünf Minuten an einer Leine an und ignorieren Sie ihn.

Ihre Französische Bulldogge zu beschäftigen ist eine gute Möglichkeit, ihr das Beißen abzugewöhnen. Das Beißen kann ein großes Problem sein, besonders wenn Ihr Hund sich in der Zahnungsphase der Welpenzeit befindet. Geben Sie ihm viele Kauspielzeuge und Knochen, um sein Maul zu beschäftigen. Bringen Sie ihm bei, dass er auf diesen Spielzeugen kauen darf, aber nicht auf Ihnen oder anderen Menschen.

Kein Jagen

Ihr Hund hat ein natürliches Verlangen, Dinge zu jagen, die er als Beute ansieht. Um ihm beizubringen, Beutetiere jeglicher Art nicht mehr zu jagen, können Sie ihm ganz einfach das Kommando „Hier" beibringen, das im Abschnitt über das Bellen beschrieben wird, um ihn dazu zu bringen, auf Sie zu achten, anstatt auf die Beute, die er jagen möchte.

Sie können ihm auch mit einem Leckerli und einem Klicker beibringen, keine Tiere zu jagen. Wenn er jagen will, befehlen Sie ihm, Sie zu anzuschauen oder sich zu setzen. Verwenden Sie ein Leckerli, um seine Aufmerksamkeit zu gewinnen.

Die Auszeit-Methode ist gut, wenn der Hund sich weigert, zuzuhören. Entfernen Sie ihn von der Beute, die er jagen will und binden Sie ihn für fünf Minuten an.

Es ist wichtig, dass Sie Ihren Hund im Freien immer an der Leine führen. Sein Jagdinstinkt ist stark ausgeprägt und lässt sich nicht so leicht unterbrechen. Sie müssen Ihren Hund, andere Tiere und Ihre Nachbarn schützen, indem Sie ihn außerhalb Ihres Hauses an einer ordnungsgemäßen Leine führen.

Wenn Sie Ihren Hund von klein auf an Katzen und andere Haustiere gewöhnen, wird er lernen, diese Tiere als Freunde zu behandeln und nicht als Beute oder seine nächste Mahlzeit. Wiederholter Kontakt und Interaktion zwischen ihm und anderen Tieren wird ihm helfen, diese Tiere zu respektieren.

Kein Weglaufen

Ein Hund, der wegläuft, kann Sie in alle möglichen Schwierigkeiten bringen, oder schlimmer noch, Ihren Hund verletzen oder töten. Sie möchten Ihrer Französischen Bulldogge beibringen, nicht wegzulaufen, wenn sie sich langweilt oder wenn sie etwas wie ein Kaninchen oder ein Reh sieht.

Eine Kastration in jungen Jahren ist eine gute Möglichkeit, Ihren Welpen vom Weglaufen abzuhalten. Die meisten Hunde rennen weg, weil sie einen Partner finden wollen. Wenn Sie Ihr Haustier nicht kastrieren lassen, weil Sie es züchten möchten, können Sie es während der Läufigkeit drinnen halten. Natürlich sollten Sie Ihre Französische Bulldogge immer an der Leine führen und sie in einem eingezäunten Garten halten, aus dem sie nicht entkommen kann, indem sie über den Zaun springt oder darunter gräbt. Wenn Hunde läufig sind, machen sie vor nichts Halt, um ein „heißes Date" zu finden.

Sollte Ihr Hund weglaufen und dann von selbst nach Hause kommen, belohnen Sie ihn, sobald er wieder nach Hause kommt. Zeigen Sie ihm, dass er geliebt wird. Verhindern Sie das Weglaufen als übergeordnetes Ziel, um Ihren Hund zu schützen.

Keine Aggression

Aggression ist niemals akzeptabel. Ihr Hund kann aus zahlreichen Gründen aggressiv werden. Der beste Weg, mit Aggressionen umzugehen, ist, ihm klar zu machen, dass diese sich niemals gegen Sie und andere richten dürfen und auch in nicht bedrohlichen Situationen nicht toleriert werden. Geben Sie niemals nach, sonst bringen Sie Ihrem Hund bei, dass er der Boss ist und nicht Sie. Zeigen Sie Ihre Dominanz, zeigen Sie ihm, dass er Ihnen gegenüber nicht aggressiv sein soll.

Wenn es an der Tür klingelt oder etwas anderes passiert, das Ihren Hund übermäßig aggressiv reagieren lässt, sollten Sie ihm beibringen, in seine Kiste zu gehen. Beginnen Sie, indem Sie an der Tür klingeln (oder den Auslöser präsentieren, der ihn aggressiv macht) und ihn dann in seine Kiste locken und ihm ein Leckerli geben. Wenn er im Haus ist, bringen Sie ihm bei, den Clicker mit dem Gang in die Kiste zu assoziieren und verwenden Sie den Clicker immer dann, wenn der Auslöser auftritt. Belohnen Sie ihn mit Leckerlis und Lob, wenn er in seine Kiste geht. Die Kiste ist sein sicherer Ort, an dem er sich entspannen kann.

Möglicherweise benötigen Sie auch Auszeiten, wenn Ihr Hund aggressiv gegenüber anderen Menschen wird. Wenn er sich aggressiv verhält, sagen Sie ihm „Nein" und sperren Sie ihn an einer kurzen Leine für fünf Minuten in seinen Auszeitbereich, oder so lange, bis er sich beruhigt und aufhört zu bellen und zu knurren. Er wird lernen, dass aggressives Verhalten bedeutet, dass er alleine sein muss.

Wenn Ihr Hund aggressiv wird, weil er Angst hat, versuchen Sie, ihm diese Angst zu nehmen, indem Sie ihm ein Leckerli geben und ihn von dem wegführen, was ihm Angst macht. Setzen Sie ihn sanft und aus sicherer Entfernung seinen Ängsten aus. Beruhigen Sie ihn, indem Sie mit sanfter Stimme mit ihm sprechen. Er wird lernen, darauf zu vertrauen, dass Sie immer alles in Ordnung bringen werden und dass seine Ängste unbegründet sind.

Achten Sie darauf, ihn großzügig zu belohnen, wenn er sich angesichts eines seiner Aggressionsauslöser ruhig verhält. Sie wollen ihm beibringen, dass es das ideale Verhalten ist, ruhig zu sein. Lob und Leckerlis sind angebracht, wenn er ruhig bleibt und nicht aggressiv wird.

Ein Trick, der sich bei Welpen bewährt hat, ist, sein Futter und sein Spielzeug immer so zu handhaben, wie es Ihnen gefällt. Bringen Sie ihm von klein auf bei, dass Sie seine Sachen anfassen dürfen. Er darf nicht territorial werden, wenn Sie das anfassen, was er als seins betrachtet. Er wird lernen, zu akzeptieren, dass Sie sich in seine Sachen einmischen und Ihnen gegenüber nicht aggressiv werden.

Kapitel 12:
Clicker-Training

In diesem Kapitel werde ich auf den Clicker eingehen, während ich Schritt für Schritt vorgehe und Ihnen alle Trainingsbefehle beibringe. Das liegt daran, dass ich den Clicker sehr befürworte und Sie das auch tun sollten. Das Clicker-Training ist eine sehr effektive Methode, um in den Kopf Ihres Hundes zu gelangen und sein Unterbewusstsein so auszurichten, dass er instinktiv auf ein Kommando reagiert, sobald ein Befehl damit trainiert wird. Das Wesen des Clicker-Trainings besteht darin, ein Hunde-Clicker-Gerät zu verwenden, das ein klickendes Geräusch macht, um Ihrem Hund eine Assoziation zwischen dem Klang des Klicks, einem Befehl und einer Belohnung beizubringen, wenn er den Befehl befolgt. Hunde lernen schnell durch Konditionierung und der Clicker hilft wirklich, diese Konditionierung zu festigen.

Zu beachtende Dinge beim Clicker-Training

Das erste, was Sie verstehen müssen, ist, dass der Clicker ein Lehrgerät ist. Er ist nicht etwas, das Sie immer verwenden müssen. Sobald Ihr Hund gelernt hat, Ihre Befehle zu befolgen, können Sie den Clicker weglegen. Sie müssen ihn nicht während des gesamten Lebens Ihres Hundes ständig bei sich tragen.

Die zweite Sache, die Sie beachten sollten, ist, dass Leckerlis nicht die einzige Belohnung sind, die Sie anbieten können. Sie sind sehr effektiv, besonders wenn Sie Ihre Französische Bulldogge anfangs trainieren. Sobald sie jedoch die Kommandos beherrscht, können Sie ihr gutes Verhalten häufiger mit Liebe und Lob, einem Spielzeug und nur gelegentlich einem Leckerli belohnen. Mischen Sie es, damit sie im Bilde ist und sich darauf freut, was sie bekommen könnte, wenn sie Ihnen gehorcht.

Schließlich müssen Hundeleckerlis nicht unbedingt kalorienreich sein. Geben Sie Ihrem Hund kleine Dinge, wie ein winziges Stück Dörrfleisch oder ein Maiskorn. Bewahren Sie diese Leckerlis versteckt auf. Wenn Sie zum Beispiel versuchen, Ihrem Hund das Sitzen beizubringen, sagen Sie ihm das Kommando „Sitz". Wenn er es tut, holen Sie das Spielzeug oder Leckerli aus Ihrer Tasche hervor und geben es ihm.

Eine gute Übung ist es, Ihre Französische Bulldogge während des Spiels anzuhalten und ihr ein Kommando zu geben. Nehmen Sie ihr das Spielzeug weg und halten Sie es fest. Verwenden Sie ein Kommando. Wenn sie es befolgt, klicken Sie und geben Sie ihr dann das Spielzeug zurück.

Wie der Clicker funktioniert

Der Clicker arbeitet mit dem, was in der Ausbildung Ihres Hundes als Shaping bekannt ist. Shaping bedeutet, dass Sie Ihrem Hund in progressiven Schritten einen gewünschten Befehl beibringen. Sie formen seinen Geist, indem Sie ihn jedes Mal belohnen, wenn er einen Schritt wie gewünscht ausführt. Außerdem fügen Sie bei jedem aufeinanderfolgenden Shaping mehr Zeit hinzu, um den Befehl zu halten. Schließlich wird Ihr Welpe lernen, das Klickgeräusch mit einer Belohnung zu assoziieren. Er wird lernen, dass er ein Klicken hört, wenn er etwas tut, was Sie von ihm verlangen und dass er dann eine Belohnung erhält. Schließlich wird die Konditionierung so stark werden, dass er den Clicker oder das Leckerli nicht mehr benötigt. Er wird einfach das tun, was Sie ihm befehlen.

Sie fragen sich vielleicht, warum ein Clicker besser ist als einfach nur „Brav" zu sagen oder ein anderes verbales Signal zu geben. Das liegt daran, dass der Clicker ein einzigartiges Geräusch ist, das Ihr Hund nicht mit etwas anderem verwechseln kann. Die menschliche Stimme kann in Ton und Klang zu verschiedenen Zeiten variieren und manche Kommandos klingen ähnlich wie viele andere Wörter. Aber der Clicker variiert niemals in Lautstärke oder Klang. Er ist beständig. Und wir lieben Beständigkeit beim Training eines Hundes.

So führen Sie das Clicker-Training durch

Verwenden Sie den Clicker immer dann, wenn Sie Ihrem Hund ein neues Kommando, Verhalten oder einen Trick beibringen. Verwenden Sie einen Klick, wenn er den Befehl richtig macht. Lassen Sie dann eine Belohnung folgen.

Konsequenz ist der Schlüssel. Sie möchten den Clicker genau in dem Moment verwenden, in dem Ihr Hund das Kommando ausführt. Sie können ihn verwenden, wenn er einen von Ihnen gegebenen Befehl befolgt oder wenn er etwas von sich aus tut. Verwenden Sie Ihren Clicker während des Trainings, bis Ihr Hund das Hören auf Sie perfektioniert hat.

Beginnen Sie damit, Ihrem Welpen ein Kommando beizubringen. Wenn Sie ihm das Bleiben beibringen, klicken Sie nur und belohnen Sie ihn, wenn er ganz still ist. Wenn Sie ihm „Sitz" beibringen, müssen Sie seinen Körper möglicherweise in eine Sitzposition bringen. Sobald er sich hinsetzt, klicken Sie und belohnen ihn. Auf diese Weise lernt er genau, welches Verhalten erwünscht ist, wenn Sie ihm ein Kommando oder einen Hinweis geben.

Sie können ihm auch beibringen, das Reagieren auf einen bestimmten Reiz mit einem gewünschten Verhalten zu verbinden. Zum Beispiel können Sie ihm mit dem Clicker beibringen, ruhig zu bleiben, wenn der Postbote kommt. Klicken Sie und belohnen Sie ihn, wenn er den Postboten nicht anbellt.

Bieten Sie niemals einen Klick oder eine Belohnung an, wenn Ihre Französische Bulldogge die gewünschte Handlung nicht ausführt. Dies wird sie nur verwirren. Sie wollen konsequent bleiben. Bringen Sie ihr bei, dass sie Klicks und Belohnungen nur dann erwarten kann, wenn sie das tut, was Sie wollen.

Wenn Ihr Hund nicht auf das Clicker-Training reagiert, dann denken Sie daran, dass Sie etwas falsch machen. Vielleicht verwirren Sie ihn. Versuchen Sie, ihm den Befehl oder das Stichwort mehr beizubringen. Seien Sie klarer, direkter dabei und eliminieren Sie Ablenkungen.

Vielleicht bieten Sie zu viele Leckerlis an, so dass er mit dem Essen beschäftigt ist und nicht auf Sie hört. In diesem Fall sollten Sie eine Pause einlegen, 20 Minuten in etwa. Dann nehmen Sie das Training wieder auf. Mischen Sie es ein wenig und bieten Sie andere Belohnungen als Leckerlis an. Andererseits kann es sein, dass die Belohnung, die Sie anbieten, für ihn nicht ausreicht.

Knabbert und spuckt er, oder verschlingt er die Leckerlis? Vielleicht sieht Ihr Hund es nicht als lohnenswerte Anstrengung an. Ändern Sie in einem solchen Fall die Belohnung in etwas, das er bevorzugt. Tauschen Sie ein unbeliebtes Spielzeug mit seinem Lieblingsspielzeug aus oder finden Sie Leckerlis, die er wirklich mag.

Vielleicht haben Sie Ihren Hund nur zu Hause trainiert. Jetzt, wo Sie draußen in der Öffentlichkeit sind, denkt er, dass der Kontext ein anderer ist. Arbeiten Sie daran, sich an neue und andere Umgebungen zu gewöhnen, damit er versteht, dass Kommandos oder Hinweise immer gleich sind, egal wo er ist.

Das Clicker-Training kann mit einigen Versuchen und Fehlern verbunden sein. Betrachten Sie dies als eine langfristige Partnerschaft mit Ihrem speziellen kleinen Freund. Richten Sie sich bei dem, was Sie tun und wie Sie es tun, nach seinen Reaktionen. Behalten Sie, was funktioniert, lassen Sie weg, was nicht funktioniert und ersetzen Sie es durch das, was funktioniert. Befehl, Klick, Leckerli.

Kapitel 13: Stubenreinheit

Stubenreinheit ist die unbeliebteste Aufgabe für alle Welpenbesitzer, aber sie ist sowohl für einen gesunden erwachsenen Hund als auch für ein sauberes Zuhause unerlässlich. Es ist ein mühsames Training und es wird Tage geben, an denen Sie das Gefühl haben, dass das Training nicht gut funktioniert. Aber Sie dürfen nicht verzweifeln und müssen weitermachen. Mit einer Französischen Bulldogge sollte es eigentlich eine relativ leichte Aufgabe sein, denn sie legt viel Wert darauf, ihr Herrchen glücklich zu sehen. Und da sie ein intelligenter Hund ist, wird sie erkennen, dass ihre Angewohnheit, die Toilette am falschen Ort zu benutzen, Sie unglücklich macht. Bevor Sie mit dem Training beginnen, müssen Sie diese beiden Regeln umsetzen:

1. Welpen sollten nicht frei herumlaufen, wenn niemand anwesend ist. Sie müssen überwacht werden, wenn sie sich außerhalb ihres zugewiesenen Welpenbereichs aufhalten. Das Risiko, dass Ihr Welpe in der Kiste seines kleinen Welpenbereichs einen Unfall hat, ist sehr gering.
2. Ihr Welpe sollte ständigen, einfachen Zugang zu dem Ort haben, an dem Sie das Training durchführen möchten. Alternativ müssen Sie auf häufige Ausflüge ins Freie vorbereitet sein, sobald Sie mit dem Stubenreinheitstraining beginnen.

Wenn diese Regeln aufgestellt sind und von allen eventuellen Familienmitgliedern verstanden werden (jeder wird helfen müssen, sie durchzusetzen), müssen Sie einige Entscheidungen über das Training selbst treffen.

Verstehen Sie Ihren Hund

Französische Bulldoggen sind intelligente, aber auch sehr abhängige Hunde. Sie verstehen beim Training sehr schnell, da sie darum bemüht sind, ihren Menschen zu gefallen. Sobald Ihr Hund versteht, was Sie von ihm wollen, wird er versuchen, es Ihnen recht zu machen. Sie müssen dabei jedoch äußerst konsequent sein. Das bedeutet jedoch nicht, dass Ihr Welpe innerhalb einer Woche stubenrein ist. Es wird genauso lange dauern, Ihre Französische Bulldogge zu trainieren, wie es bei den meisten anderen intelligenten Hunden dauert.

Wenn Sie jedoch inkonsequent sind, wird Ihre Französische Bulldogge nicht leicht zu erziehen sein. Sie muss wissen, dass die Regeln immer gelten, um zu verstehen, dass sie beispielsweise regelmäßig eine Welpenunterlage oder den Außenbereich benutzen muss, um ihr Geschäft zu verrichten. Wenn Sie sich für ein Training im Haus mit einer Welpenunterlage entscheiden, sollten Sie sich bewusst sein, dass Sie das Training schnell nach draußen verlegen sollten. Es wird für den Welpen schwierig sein zu verstehen, warum es plötzlich nicht mehr akzeptabel ist, die Toilette drinnen zu benutzen - oder zu verstehen, wo die Welpenunterlage plötzlich geblieben ist.

Wenn Sie das Training im Freien beibehalten, wird die Stubenreinheit auf lange Sicht einfacher. Sie sollten hierfür einen bestimmten Bereich auswählen, bevor Ihr Welpe ankommt. Wenn sich dieser ausgewiesene Bereich in der Nähe der Haustür befindet, ist es für Ihren Welpen einfacher, da er nach dem Gassigehen schnell dorthin gelangen kann. Das Training an der Leine ist vorteilhaft, denn dadurch können Sie sicherstellen, dass Ihr Welpe in den ersten Tagen auch wirklich an den vorgesehenen Ort geht.

Legen Sie fest, wer der Chef ist

Konsequenz und Autorität sind der Schlüssel zum Training eines jeden Hundes und besonders bei einer Französischen Bulldogge. Geben Sie nicht nach, wenn Ihr Hund Sie mit seinen süßen, traurigen Augen ansieht. Wenn Sie das tun, wird er wissen, wie er Sie dazu bringen kann, nachzugeben. Das Training liegt ganz bei Ihnen und Ihrer Fähigkeit, sich an die von Ihnen aufgestellten Regeln zu halten.

Regelmäßige Intervalle für die Toilettenpause sind der beste Weg, um sicherzustellen, dass dies nicht zu einem langfristigen Problem wird. Wenn Ihr Welpe in der Lage ist, eine Toilettenpause zu erwarten, fällt ihm das Warten leichter, sodass er Ihre Regeln befolgen kann.

Positive Bestärkung – Es geht um Respekt

Obwohl die Französische Bulldogge unglaublich sympathisch ist, muss sie lernen, Sie zu respektieren und nicht nur Ihre Gesellschaft zu genießen. Wenn Ihr Welpe lernen soll, dass Sie der Boss sind und dass er Ihre Regeln respektieren muss, ist positive Bestärkung enorm wichtig.

Ihr Hund möchte die Dinge auf Ihre Weise tun, um Ihnen zu gefallen, was das Training schließlich so einfach macht. Positive Bestärkung ist dabei die beste Belohnung, die Sie Ihrem Welpen anbieten können. Sein eigener Wunsch, in einem sauberen Raum zu hausen, wird beim Trainieren der Stubenreinheit ebenfalls helfen.

Es ist nicht effektiv, einen Hund für Fehler zu bestrafen. Oftmals sind Sie ohnehin nicht anwesend, wenn er etwas kaputtmacht oder eventuell auf den Teppich uriniert. Wenn Sie ihn später dafür bestrafen, dann wird er diese Bestrafung nicht mit seinem Missgeschick in Verbindung bringen können und somit nicht wissen, weshalb Sie so wütend sind. Das bedeutet, dass Sie dem Welpen nicht die Lektion erteilen, die er lernen soll; Sie bringen ihm nur bei, sich vor Ihnen zu fürchten, wenn Sie nach Hause kommen oder den Raum betreten. Französische Bulldoggen lieben es, ihre Menschen um sich zu haben und sie gut gelaunt zu sehen, daher lassen sie sich durch positive Bestärkung einfacher trainieren.

Regelmäßiger Zeitplan

Eine Ihrer letzten Überlegungen ist es, herauszufinden, wann Sie Ihren Welpen trainieren wollen. Die Antwort wird auch davon abhängen, wo das Training beginnen wird – innerhalb oder außerhalb Ihres Hauses.

Hunde gehen eher nach bestimmten Ereignissen auf die Toilette:

- Nach dem Aufwachen (morgens oder nach einem Nickerchen).
- Nach ein paar gemütlichen Stunden in einer Kiste.
- Grundsätzlich beim Spazierengehen.

Achten Sie auf das Verhalten Ihres Hundes, um festzustellen, wann er mit größerer Wahrscheinlichkeit auf die Toilette gehen muss. Dies kann helfen, den Trainingsprozess zu beschleunigen.

Kapitel 14:
Die optimale Pflege

Die Pflege ist wahrscheinlich der einzige leichte Aspekt des Besitzes einer Französischen Bulldogge. Aufgrund ihres kurzen Fells ist die Pflege im Vergleich zu Hunden mit langem Haar oder Fell einfacher und weniger zeitaufwändig. Auch hier hängt es von der Persönlichkeit Ihres Hundes ab, ob er gut erzogen oder wählerisch bei der Pflege ist, was sich direkt auf Ihre Einstellung zu dieser Aufgabe auswirkt. Egal, wie es ausgeht, diese Pflicht ist unausweichlich und selbst wenn Sie versuchen, sie zu verzögern oder aufzuschieben, wird die Natur unweigerlich nach Ihnen rufen. Dieses Kapitel soll Ihnen zeigen, wie Sie Ihre Französische Bulldogge richtig pflegen.

Empfohlene Hilfsmittel, die Sie zur Hand haben sollten

Da es für viele Menschen eine Geldverschwendung wäre, ihren Hund zu einem professionellen Hundefriseur zu bringen, benötigen sie bestimmte Werkzeuge und Zubehör für die Pflege ihrer Französischen Bulldogge zu Hause. Im Folgenden finden Sie eine Liste mit einigen empfohlenen Werkzeugen und Zubehörteilen für die Hundepflege:

- Gummihandschuh oder Bürste mit weichen Borsten
- Bio-Hundeshampoo
- Feuchtigkeitscreme oder Lotion für Hunde
- Vaseline
- Babypuder
- Trockenes Tuch
- Beliebige kleine Zahnbürste
- Desitin Salbe
- Nagelknipser
- Hundefreundliche Ohrreinigungslösung
- Hundezahnbürste
- Hundefreundliche Zahnpasta
- Antibakterielle Feuchttücher für Babies (mild)

Tipps zum Baden und Pflegen von Französischen Bulldoggen

Französische Bulldoggen halten sich generell gerne sauber. Sie sind in der Regel nicht die Art von Hunden, die sich gerne im Schlamm wälzen oder andere Aktivitäten ausführen, bei denen sie schmutzig werden. Daher sind Bäder nur dann notwendig, wenn sie anfangen, Hundegeruch abzugeben, was normalerweise im Abstand von einer Woche geschieht. Verwenden Sie nur mildes Bio-Shampoo, da es für die empfindliche Haut dieser Rasse am besten geeignet ist. Achten Sie beim Baden Ihres Hundes besonders darauf, dass ihm kein Wasser in die Ohren und kein Shampoo in die Augen gerät und schenken Sie den Falten und Runzeln besondere Aufmerksamkeit und achten Sie darauf, sie vollständig zu reinigen. Trocknen Sie Ihren Hund gründlich ab, besonders in den Falten und Runzeln, da Feuchtigkeit Bakterien beherbergt, die zu Infektionen führen können. Tragen Sie Babypuder mit einer beliebigen kleinen Zahnbürste auf die Falten auf, um sie länger trocken zu halten. Diese Rasse bekommt auch Tränenflecken und die empfohlene Abhilfe ist das Auftragen von Desitin auf die betroffenen Stellen, wobei die Augen behutsam und vorsichtig zu vermeiden sind. Das Bürsten des Fells ist ebenfalls eine wöchentliche Aufgabe, die Sie nach jedem wöchentlichen Bad einplanen können, damit Sie es nicht vergessen. Zum Bürsten können Sie entweder einen Hundehandschuh aus Gummi oder eine Bürste mit weichen Borsten verwenden.

Sonstige Pflegeaufgaben

Zusätzlich zum Bürsten und Baden Ihrer Französischen Bulldogge müssen Sie auch einige andere Pflegeaufgaben übernehmen, wie zum Beispiel das Trimmen der Nägel Ihres Hundes, das Reinigen seiner Ohren, das Säubern seiner Falten und Fältchen, die Pflege von trockener Haut und Nase sowie das Putzen seiner Zähne. Im Folgenden finden Sie eine Übersicht über jede dieser Pflegeaufgaben:

Trimmen der Krallen Ihres Hundes

Die Nägel Ihres Hundes wachsen auf die gleiche Weise wie Ihre eigenen Nägel, daher müssen sie gelegentlich getrimmt werden. Bei Französischen Bulldoggen reicht ein monatliches Trimmen aus. Bevor Sie die Nägel Ihres Hundes zum ersten Mal kürzen, sollten Sie sich von Ihrem Tierarzt oder einem professionellen Hundefriseur zeigen lassen, wie man es macht. Der Nagel eines Hundes enthält ein Blutgefäß, das den Nagel mit Blut versorgt – und wenn Sie den Nagel zu kurz schneiden, könnten Sie dieses durchtrennen. Ein durchtrenntes Blutgefäß verursacht bei Ihrem Hund Schmerzen und er wird stark bluten. Der beste Weg, um zu vermeiden, dass Sie die Nägel Ihres Hundes zu kurz schneiden, ist, nur die scharfe Spitze zu kürzen.

Die Krallen Ihres Hundes wachsen auf die gleiche Weise wie Ihre eigenen Nägel, daher müssen sie gelegentlich getrimmt werden. Ihre Französische Bulldogge braucht seine Krallen zum Greifen, Kratzen und Graben. Achten Sie darauf, die Krallen Ihres Hundes relativ kurz zu halten für den Fall, dass er an Ihnen kratzt und Sie verletzt. Bevor Sie die Krallen Ihres Hundes zum ersten Mal kürzen, sollten Sie sich von Ihrem Tierarzt oder einem professionellen Hundefriseur zeigen lassen, wie man es macht. Die Kralle eines Hundes enthält ein Blutgefäß, das den Nagel mit Blut versorgt – und wenn Sie den Nagel zu kurz schneiden, könnten Sie dieses durchtrennen. Ein durchtrenntes Blutgefäß verursacht bei Ihrem Hund Schmerzen und er wird stark bluten. Der beste Weg, um zu vermeiden, dass Sie die Krallen Ihres Hundes zu kurz schneiden, ist, nur die scharfe Spitze zu kürzen.

Die Abnutzung der Krallen hängt ab vom Gewicht des Hundes, der Hornqualität, der Dauer der täglichen Bewegung und des Untergrundes, auf dem er sich bewegt. Wenn der Hund viel auf Asphalt und Bürgersteigen unterwegs ist, dann nutzen sich die Krallen entsprechend schneller ab. Wie oft Sie Ihrer Französischen Bulldogge die Krallen schneiden müssen finden Sie im Laufe der Zeit selbst heraus. Sobald beim Laufen auf dem Fußboden Klickgeräusche zu hören sind, ist es definitiv an der Zeit, die Krallen zu schneiden.

1. Halten Sie Ihren Hund zwischen Ihren Beinen, wenn er klein ist, oder wenn er größer ist, lassen Sie ihn stehen.
2. Heben Sie jeden Fuß mit der Hand auf, so dass er sich natürlich und bequem beugt. Trimmen Sie jeden Hundenagel einzeln und vorsichtig, wobei Sie sich für jeden Nagel Zeit nehmen. Sie wollen niemals das Blutgefäß treffen, das sich im Inneren des Hundenagels befindet und empfindliche Nervenenden enthält.

Konzentrieren Sie sich auf das am weitesten von der Pfote entfernte Ende, den durchscheinenden Teil des Nagels.
3. Hunde mit weißen Nägeln haben offensichtliche Blutgefäße, die dunkler und dicker als der Rest des Nagels sind.
4. Bei dunklen Nägeln, bei denen Sie das Blutgefäß nicht sehen können, schneiden Sie kleine Stücke des Horns ab. Untersuchen Sie dann den Nagel, um zu sehen, ob es eine Blutung gibt. Machen Sie das Stück für Stück und haben Sie Geduld. Sie wollen nie das Blutgefäß treffen, sonst verursachen Sie bei Ihrem Hund Schmerzen und damit eine schlechte Assoziation mit dem Krallenschneiden.
5. Feilen Sie das Ende mit einer normalen Nagelfeile zu einer glatten, runden Oberfläche.
6. Erwägen Sie ein glättendes Öl, wie Kokosnussöl, um seine Pfoten weich zu machen. Verwenden Sie Bienenwachs, um Risse zu heilen.

Reinigen der Ohren Ihres Hundes

Die Französische Bulldogge hat Fledermausohren, was sein Markenzeichen ist. Wenn die Ohren des Hundes nass werden, schafft dies eine Umgebung, die für infektionsverursachende Bakterien günstig ist. Die regelmäßige Kontrolle der Ohren Ihres Hundes und die Sicherstellung, dass sie sauber und trocken sind, ist der Schlüssel zur Vermeidung von Infektionen. Wenn Sie die Ohren Ihres Hundes reinigen müssen, verwenden Sie eine Reinigungslösung für Hundeohren und drücken Sie ein paar Tropfen in den Gehörgang. Massieren Sie dann die Ohren Ihres Hundes, um die Lösung zu verteilen und wischen Sie sie mit einem sauberen Wattebausch weg.

Die Augen

Kontrollieren Sie die Augen Ihres Hundes regelmäßig, um sicherzustellen, dass sie nicht gereizt sind, bluten oder anschwellen. Verwenden Sie einen in warmes Wasser getauchten Wattebausch, um Ablagerungen aus den Augen zu entfernen, wenn Sie ihn bürsten.

Reinigung der Falten Ihrer Französischen Bulldogge

Die Falten und Runzeln Ihrer Französischen Bulldogge müssen regelmäßig gepflegt werden. Es wäre toll für Ihren Hund, wenn Sie sich daran erinnern und die Zeit finden könnten, dies täglich zu tun, um optimale Sicherheit vor Infektionen zu gewährleisten. Aber wenn nicht, wäre die nächstbeste Option, es zu tun, wenn es nötig ist. Zum Beispiel hatte Ihr Hund eine besonders wilde Mahlzeit und Sie haben das Gefühl, dass sich Nahrungspartikel in seinen Falten und Runzeln angesammelt haben. Die letzte Option ist, es wöchentlich zu tun, ein Tag länger als das ist für einen normalen verantwortungsvollen Hundebesitzer inakzeptabel. Verwenden Sie zur Reinigung der Stellen sein Shampoo oder (milde) antibakterielle Feuchttücher für Babys und trocknen Sie sie gründlich ab. Anschließend mit einer kleinen Zahnbürste Babypuder auftragen, damit sie länger trocken bleiben.

Pflege für trockene Haut und Nase

Französische Bulldoggen haben eine empfindliche Haut, die dazu neigt, trockene Hautstellen und heiße Stellen zu bilden. Wenn trockene Haut auftritt, tragen Sie eine Feuchtigkeitscreme oder Lotion auf, die speziell für Hunde hergestellt wurde. Wenn heiße Stellen auftreten, verwenden Sie eine sichere, ungiftige Lösung. Außerdem kann die Nase Ihres Hundes von Zeit zu Zeit trocken oder brüchig werden, wenn sie nicht richtig gepflegt wird. Tragen Sie als Vorsichtsmaßnahme so oft wie nötig Vaseline auf die Nase auf.

Zähneputzen des Hundes

Viele Hundebesitzer vernachlässigen die Zahngesundheit ihres Hundes, was ein schwerer Fehler ist. Sie sollten die Zähne Ihres Hundes mit einer hundefreundlichen Zahnbürste und Hundezahnpasta putzen, um seine Zahngesundheit zu erhalten. Wenn Sie Ihrem Hund Zahnleckerlis geben und ihn mit Hartgummispielzeug füttern, kann dies ebenfalls zur Erhaltung seiner Zahngesundheit beitragen.

Versuchen Sie, seine Zähne mindestens viermal pro Woche zu putzen, um Zahnfleischerkrankungen und anderen Zahnproblemen vorzubeugen. Sie können eine spezielle Hundezahnbürste zusammen mit Zahnpasta mit

Fleisch- oder Geflügelgeschmack kaufen. Im Folgenden erfahren Sie, wie Sie mit dem Zähneputzen Ihres Hundes beginnen.

1. Geben Sie einen Klecks auf Ihren Finger, damit er daran riechen und lecken kann, um sein Interesse zu wecken und sich einigermaßen wohl zu fühlen.
2. Versuchen Sie dann, Ihren Finger in seinen Mund einzuführen und sein Zahnfleisch sanft und ohne zu viel Kraft zu reiben.
3. Bald wird er sich daran gewöhnen, ohne zu viel Widerstand zu leisten. Wenn er dies ohne eine negative Reaktion zulässt, versuchen Sie, die Hundezahnbürste zu verwenden.
4. Verwenden Sie sanfte, aber feste Striche, um sein Zahnfleisch und alle seine Zähne zu erreichen. Es wird nicht perfekt sein, aber die Idee ist, den größten Teil seiner Zahnoberfläche mit dem Schaum der Zahnpasta zu bedecken.
5. Eine Spülung ist nicht erforderlich. Er wird die Zahnpasta ohne Probleme schlucken. Ermutigen Sie ihn jedoch, nach dem Zähneputzen aus seinem Wassernapf zu trinken.

Halten Sie außerdem reichlich stimulierendes Spielzeug mit Knabberspitzen und Kauspielzeug für Ihren Hund bereit. Diese Leckereien werden ihn geistig beschäftigen und gleichzeitig seine Zähne sauber und sein Zahnfleisch stark und gesund halten.

Die Analsäcke

Vielleicht kennen Sie bereits den berüchtigten Analbeutel. Wenn nicht, werden Sie bald genug damit vertraut sein. Tatsache ist, dass es eines der großen Wunder der Hundehaltung ist. Wenn Ihre Französische Bulldogge schlecht riecht oder häufig seinen Hintern leckt, wissen Sie, dass es an der Zeit ist, die Flüssigkeit in seinen Analbeuteln auszuscheiden. Sowohl weibliche als auch männliche Hunde haben Analsäcke, die in jedem Alter beeinträchtigt werden können. Die Analbeutel befinden sich direkt unter der Haut um die Analmuskeln herum.

So geht's:

1. Ziehen Sie ein Paar Plastik- oder Gummihandschuhe an.

2. Setzen Sie Ihren Hund in eine Badewanne. Das kann schmutzig werden.
3. Reiben Sie sanft nach oben und innen und drücken Sie die Drüsen in Richtung seines Anus.
4. Die Flüssigkeit sollte aus seinem Anus heraussickern. Es sollte ein braunes, stark riechendes Öl sein. Wenn nichts herauskommt, sollten Sie ihn zum Tierarzt bringen, um ihn zu untersuchen.

Entwurmung

Sie sollten außerdem darauf achten, dass Ihr Hund Herzwurmtabletten bekommt. Ab einem Alter von sechs Wochen sollten Sie Ihre Französische Bulldogge einmal im Monat oder auf Anweisung Ihres Tierarztes Tabletten verabreichen. Ihr Tierarzt wird Ihnen ein Rezept ausstellen.

Achten Sie darauf, Ihren Hund richtig zu entwurmen. Es wird empfohlen, Ihren Welpen im Alter von zwei, vier, sechs, acht, zehn und zwölf Wochen zu entwurmen, dann jeden Monat, bis er sechs Monate alt ist, und schließlich alle drei Monate für den Rest seines Lebens. Regelmäßige Wurmkuren helfen, Verdauungsprobleme und andere Gesundheitsprobleme bei Hunden zu verhindern.

Kapitel 15: Alles über die Zucht von Französischen Bulldoggen

Es ist wichtig zu verstehen, dass die Zucht nur von professionellen Züchtern durchgeführt werden sollte, die nur das Ziel haben, die Rasse zu erhalten und ihr zu einem längeren Leben zu verhelfen, indem sie die genetischen Defekte beseitigen, die bei den Hunden bedrückende gesundheitliche Probleme verursachen. Mit diesem Gedanken im Hinterkopf und unter Hinweis darauf, dass Französische Bulldoggen eher schlechte Gene haben, wird von der Zucht ganz klar und zwingend abgeraten. Ihre Liebe zu Ihrem Hund sollte auch die gesamte Rasse umfassen und Sie sollten nur das Beste für sie im Sinn haben. Eine unverantwortliche Zucht schadet höchstwahrscheinlich nur der Hündin, den Nachkommen und damit der gesamten Rasse. Um die Kontroverse um die Zucht von Französischen Bulldoggen weiter zu verstehen, lesen Sie dieses Kapitel weiter.

Die Kontroverse über die Zucht von Französischen Bulldoggen

Der gesamte Prozess der Zucht von Französischen Bulldoggen ist extrem schwierig, von der Auswahl gesunder Hunde bis hin zur Aufzucht des Wurfes.

Bei der Bestimmung, ob eine Hündin und ein Rüde für die Zucht geeignet sind, sind die Rückverfolgung der Abstammung, um etwaige Erbkrankheiten zu finden, und ein umfassendes Ergebnis der offiziellen Screening-Tests erforderlich, um zu beweisen, dass das Paar völlig gesund und sicher für die Zucht ist.

Die Paarung ist oft erfolglos, da die Proportionen der Rasse es dem Rüden schwer machen, die Hündin zu erreichen und die Ausführung selbst den Rüden sofort ermüdet und überhitzt. Daher werden die meisten Französischen Bulldoggen durch künstliche Befruchtung gezeugt, die extravagant kostspielig ist.

Da Hüftdysplasie bei der Rasse sehr häufig vorkommt, bringen die Hündinnen ihre Welpen nur per Kaiserschnitt zur Welt, was eine mühsame Genesung und den Einsatz eines Tierarztes beinhaltet. Und für den Fall, dass die Mutter des Wurfes nicht in der Lage ist, sich um ihre Welpen zu kümmern, fällt die gigantische Pflicht und Verantwortung auf den Züchter.

Nun, da Sie ein besseres Verständnis für die Zucht von Französischen Bulldoggen haben, sind Sie hoffentlich davon überzeugt, dass dies nichts ist, was Sie betreiben möchten.

Grundlegende Informationen zur Hundezucht

In Anbetracht der Kontroverse über die Zucht von Französischen Bulldoggen werden Sie kaum explizite Details darüber finden, da sie nur den professionellen Züchtern vorbehalten ist. Daher sollten die hier und im folgenden Abschnitt gemachten Angaben nicht unwissend und unverantwortlich praktiziert werden. Wenn Sie kein professioneller Züchter sind, sollten Sie die folgenden Informationen lediglich als Bildung und Aufklärung über die Hundezucht im Allgemeinen und nicht spezifisch für Französische Bulldoggen verstehen, sofern nicht anders angegeben.

Es wird empfohlen, Ihre Hunde vor dem Alter von sechs Monaten kastrieren oder sterilisieren zu lassen. Bei weiblichen Hunden ist das Alter von sechs Monaten ungefähr der Zeitpunkt, an dem die Hündin zum ersten Mal läufig wird. Läufigkeit ist nur ein anderer Name für den Östrogenzyklus bei Hunden und dauert im Allgemeinen etwa 14 bis 21 Tage. Die Häufigkeit der Läufigkeit kann von Hund zu Hund leicht variieren, tritt aber im Allgemeinen zweimal pro Jahr auf. Wenn Ihre Hündin läufig wird, ist sie in der Lage, trächtig zu werden.

Bei der Zucht ist es wichtig, dass Sie warten, bis das Weibchen die Geschlechtsreife erreicht hat. Ihr Hund kann bereits mit einem Jahr ausgewachsen sein, aber die meisten Züchter empfehlen, mit der Zucht zu warten, bis sie zwei Jahre alt ist. Dadurch wird nicht nur sichergestellt, dass die Hündin reif genug ist, um einen Wurf auszutragen und zu gebären, sondern es bleibt auch genügend Zeit, um ernsthafte gesundheitliche Probleme zu entwickeln. Wenn die Hündin Anzeichen für angeborene Gesundheitsprobleme zeigt, sollte sie nicht gepaart werden, um zu vermeiden, diese weiterzugeben. Vorzugsweise sollte Ihre

Hündin nur alle zwei Jahre gedeckt werden, denn wenn sie innerhalb einer kurzen Zeitspanne nacheinander schwanger wird und gebärt, kann dies zu Problemen in ihrem Fortpflanzungssystem führen.

Sobald Sie sich vergewissert haben, dass Sie das ideale Zuchtpaar ausgewählt haben, können Sie beginnen, über die Details der Läufigkeit und der Zucht nachzudenken. Wenn eine Hündin läufig wird, gibt es ein paar allgemeine Anzeichen, auf die Sie achten können. Das erste Anzeichen einer Läufigkeit ist ein Anschwellen der Vulva – dies kann von einem blutigen Ausfluss begleitet sein. Im Verlauf des Läufigkeitszyklus hellt sich der Ausfluss auf und wird wässriger. Am zehnten Tag des Zyklus ist der Ausfluss hellrosa – dies ist der Zeitpunkt, an dem der Eisprung beginnt und die Hündin am fruchtbarsten ist. Dies ist der Zeitpunkt, an dem sie dem Rüden vorgestellt wird. Wenn sie für die Annäherungsversuche des Rüden nicht empfänglich ist, warten Sie ein oder zwei Tage, bevor Sie es erneut versuchen.

Eine Hündin ist technisch in der Lage, zu jedem Zeitpunkt des Läufigkeitszyklus schwanger zu werden, da die Spermien des Rüden bis zu fünf Tage in ihrem Fortpflanzungstrakt überleben können. Wenn Sie nicht vorhaben, Ihre Hündin zu paaren, müssen Sie sie während der Läufigkeit wegschließen. Ein Rüde kann eine läufige Hündin aus mehreren Kilometern Entfernung riechen und eine intakte Hündin wird alles tun, um sich fortzupflanzen. Nehmen Sie eine läufige Hündin niemals mit in den Hundepark und seien Sie sehr vorsichtig damit, sie überhaupt nach draußen zu bringen. Lassen Sie sie nicht unbeaufsichtigt in Ihrem Garten, da ein streunender Hund eindringen und sich mit ihr paaren könnte.

Wenn Sie Ihre Hündin züchten möchten, müssen Sie ihren Östruszyklus verfolgen, damit Sie wissen, wann Sie sie decken müssen. Im Allgemeinen dauert es ein paar Jahre, bis der Zyklus eines Hundes regelmäßig wird. Verfolgen Sie den Zyklus Ihrer Hündin in einem Kalender, damit Sie wissen, wann Sie sie züchten müssen. Wenn Sie ihren Zyklus verfolgen und notieren, wann Sie sie mit dem Rüden zusammenbringen, können Sie den Fälligkeitstermin für die Welpen vorhersagen. Wenn Sie mit der Zucht Ihrer Hündin beginnen, achten Sie darauf, mindestens eine Läufigkeit zwischen den Würfen auszulassen – idealerweise sollten Sie Ihrer Hündin ein Jahr Pause zwischen den Würfen gönnen.

Tipps zur Zucht und Aufzucht von Welpen

Nachdem der Rüde das Ei im Körper der Hündin befruchtet hat, durchläuft die Hündin die Trächtigkeitsphase, in der sich die Welpen in ihrer Gebärmutter zu entwickeln beginnen. Die Trächtigkeit der Französischen Bulldogge dauert zwischen 60 und 63 Tagen, wobei der Durchschnitt bei 61 Tagen liegt. Sie werden jedoch erst nach der dritten Woche feststellen können, dass Ihre Hündin trächtig ist. Am 25. Tag der Trächtigkeit kann der Tierarzt einen Ultraschall durchführen und am 28. Tag sollte er die Welpen durch Abtasten des Bauches der Hündin ertasten können. An der Sechs-Wochen-Marke kann eine Röntgenaufnahme durchgeführt werden, um die Größe des Wurfs zu überprüfen. Die durchschnittliche Wurfgröße bei Französischen Bulldoggen liegt zwischen drei und fünf Welpen.

Während die Welpen im Bauch Ihrer Hündin wachsen, müssen Sie sich sorgfältig um sie kümmern. Sie brauchen Ihrer Hündin bis zur vierten oder fünften Woche der Trächtigkeit kein zusätzliches Futter zu geben, wenn sie wirklich anfängt, an Gewicht zuzunehmen. Achten Sie auf eine gesunde Ernährung Ihrer Hündin und halten Sie sich an regelmäßige Tierarzttermine, um sicherzustellen, dass die Trächtigkeit gut verläuft. Ab der fünften Trächtigkeitswoche können Sie die tägliche Ration Ihres Hundes im Verhältnis zur Gewichtszunahme erhöhen.

Nach acht Wochen Trächtigkeit sollten Sie damit beginnen, Ihre Hündin auf die Geburt vorzubereiten – bei Hunden wird dies als Wurf bezeichnet. Sie sollten ein Transportmittel bereithalten und eine Tasche packen, die alles enthält, was sie brauchen wird und brauchen könnte. Seien Sie darauf vorbereitet, unter Zeitdruck zur Tierklinik aufzubrechen.

Wenn Ihre Hündin bereit für die Geburt ist, wird ihre Innentemperatur leicht sinken. Wenn Sie vorhersagen möchten, wann die Welpen geboren werden, können Sie in der letzten Woche der Trächtigkeit beginnen, einmal täglich ihre Innentemperatur zu messen. Wenn die Körpertemperatur der Hündin von 37,7 ° Celsius bis 38,8 ° Celsius auf etwa 36,6 ° Celsius sinkt, werden die Wehen wahrscheinlich sehr bald einsetzen. Zu diesem Zeitpunkt zeigt Ihr Hund offensichtliche Anzeichen von Unbehagen, wie zum Beispiel Aufsetzen, Hecheln oder

Positionswechsel. Lassen Sie sie einfach ihr eigenes Ding machen, aber behalten Sie sie im Auge, falls es Komplikationen gibt.

In den frühen Phasen der Wehen wird Ihr Hund im Abstand von etwa zehn Minuten Verkrampfungen erleben. Wenn sie mehr als zwei Stunden lang Krämpfe hat, ohne zu gebären, bringen Sie sie sofort zum Tierarzt. Eine Geburt durch Kaiserschnitt ist völlig anders als eine normale Geburt. Sie ist sehr unvorhersehbar und es ist eine Einzelfallentscheidung.

Es ist wichtig, dass die Welpen so bald wie möglich nach der Geburt mit dem Säugen beginnen, damit sie das Kolostrum erhalten. Das Kolostrum ist die erste Milch, die eine Mutter produziert und es ist reich an Nährstoffen und Antikörpern, die die Welpen schützen, während sich ihr eigenes Immunsystem weiter entwickelt. Die Welpen beginnen in der Regel von selbst zu säugen, oder die Mutter ermutigt sie dazu. Nachdem die Welpen eine Weile gesäugt haben, sollten Sie sicherstellen, dass die Mutterhündin auch etwas frisst.

Die neugeborenen Welpen der Französischen Bulldogge wiegen nur etwa 275 bis 400 g und werden in den nächsten Monaten weiter wachsen, bis sie ihre Erwachsenengröße erreicht haben. Es ist eine gute Idee, die Welpen etwa einmal pro Woche zu wiegen, um sicherzustellen, dass sie in einem gesunden Tempo wachsen. Wenn die Welpen geboren werden, haben sie einige sehr feine Haare, die aber nicht ausreichen, um sie warm zu halten – dabei hilft ihnen ihre Hundemutter. Es ist auch sehr wichtig, die Welpen an einen warmen Ort oder unter ein Licht zu legen. Die Welpen werden mit geschlossenen Augen und Ohren geboren, aber etwa zehn bis zwölf Tage nach der Geburt beginnen sie, sich zu öffnen.

Ihre Welpen werden in den ersten Lebenswochen stark von ihrer Mutter abhängig sein, bis sie anfangen, mobiler zu werden. Im Alter von etwa fünf bis sechs Wochen sollten Sie Ihren Welpen kleine Mengen fester Nahrung in Brühe oder Wasser eingeweicht anbieten, um den Entwöhnungsprozess einzuleiten. In den nächsten Wochen werden die Welpen weniger säugen und mehr feste Nahrung zu sich nehmen. Im Alter von etwa zehn Wochen sollten sie vollständig entwöhnt sein – dann sind sie bereit, sich von ihrer Mutter zu trennen.

Haftungsausschluss

Die Umsetzung aller enthaltenen Informationen, Anleitungen und Strategien dieses Buches erfolgt auf eigenes Risiko. Für etwaige Schäden jeglicher Art kann der Autor aus keinem Rechtsgrund eine Haftung übernehmen. Für Schäden materieller oder ideeller Art, die durch die Nutzung oder Nichtnutzung der Informationen bzw. durch die Nutzung fehlerhafter und/oder unvollständiger Informationen verursacht wurden, sind Haftungsansprüche gegen den Autor grundsätzlich ausgeschlossen. Ausgeschlossen sind daher auch jegliche Rechts- und Schadensersatzansprüche. Dieses Werk wurde mit größter Sorgfalt nach bestem Wissen und Gewissen erarbeitet und niedergeschrieben. Für die Aktualität, Vollständigkeit und Qualität der Informationen übernimmt der Autor jedoch keinerlei Gewähr. Auch können Druckfehler und Falschinformationen nicht vollständig ausgeschlossen werden. Für fehlerhafte Angaben vom Autor kann keine juristische Verantwortung sowie Haftung in irgendeiner Form übernommen werden.

Urheberrecht

Impressum

1. Auflage

Johann Schwegler wird vertreten durch:
Joel Ludwig
Tegelbusch 23
26180 Rastede
koalaolabooks@gmail.com

Printed in Poland
by Amazon Fulfillment
Poland Sp. z o.o., Wrocław

77080570R00060